Christian Garve

Über den Charakter der Bauern

und ihr Verhältniss gegen die Gutsherrn und gegen die Regierung

Christian Garve

Über den Charakter der Bauern
und ihr Verhältniss gegen die Gutsherrn und gegen die Regierung

ISBN/EAN: 9783743602755

Hergestellt in Europa, USA, Kanada, Australien, Japan

Cover: Foto ©ninafisch / pixelio.de

Weitere Bücher finden Sie auf **www.hansebooks.com**

Ueber den

Charakter der Bauern

und ihr Verhältniß

gegen die Gutsherrn

und

gegen die Regierung.

Drey Vorlesungen

in der Schlesischen Oeconomischen Gesellschaft

gehalten

von

Christian Garve.

Neue verbesserte Auflage.

Breslau,
bey Wilhelm Gottlieb Korn, 1796.

Ueber
den Charakter der Bauern
und
über ihr Verhältniß gegen die Gutsherrn
und gegen die Regierung.

§

Erste Vorlesung.

Es ist nichts gewöhnlicher, als Schilderungen von den Charakteren ganzer Nationen zu machen. Ich glaube, daß es weit nützlicher, und daß es auch eher möglich ist, die Charaktere der verschiednen Stände in Einer Nation richtig zu schildern.

Zwar, wenn diese Nationen verschiedne Sprachen reden, unter ganz unähnlichen Regierungsformen stehn, und Länder von verschiednem Klima bewohnen: so können allerdings ihre Unterschiede so groß, und das Eigenthümliche jeder kann unter den Individuen derselben so

herr-

herrschend seyn, daß sich diese Charakter-Züge beobachten, und mit einiger Bestimtheit angeben lassen. Der französische, englische, deutsche National-Charakter läßt sich schildern. Nur ist auch hier die Beobachtung schwer, weil der Gegenstand zu groß ist; und die Täuschung ist leicht, weil jeder Beobachter immer von einem Theile auf das Ganze schließen muß.

Aber wenn man von den Einwohnern einer eingeschränkten Provinz, z. E. Schlesiens, — weil man sie wegen ihres eigenthümlichen Nahmens als eine eigne Nation ansieht, — auch einen besondern Charakter angeben will: so ist es fast unmöglich, daß diese Schilderung bestimmt, oder daß sie richtig seyn sollte. Sie sagt entweder nichts bedeutendes, oder sie sagt etwas falsches. Wer kann es z. B. wagen, den Charakter der Schlesier mit einiger Zuverläßigkeit zu bestimmen? Die Gränzen der Länder und Provinzen sind, nach so vielen Wanderungen, Eroberungen, Vertauschungen, nicht mehr die Gränzen der Nationen. Nicht da, wo eine neue Benennung des Landes anfängt, fängt auch ein neues System von Regierung, Religion und Sitten der Einwohner an. Pohlen und Deutsche sind gemeinschaftliche Einwohner
von

von Schlesien: die Charaktere der beyden Nationen zeichnen sich noch immer merklich aus. Sachsen und Niederschlesien hingegen werden beyde von Deutschen bewohnt: die Unterschiede der Menschen in beyden Provinzen sind feine kaum zu bemerkende Schattirungen.

Aber weit auffallender sind diejenigen Unterschiede, und weit wenigern Ausnahmen unterworfen, welche in jeder Nation die verschiedenen Stände von einander absondern, seitdem die Ungleichheit dieser Stände durch eine Reihe von Generationen befestigt, jedem seine eigne Beschäftigung angewiesen, jeden mehr in sich selbst verbunden, und von den übrigen getrennt hat. Zwischen den Sitten der großen Welt in allen Europäischen Hauptstädten, ist eine Aehnlichkeit, welche machen könnte, daß, wenn man aus den Gesellschaften der einen in die der andern plötzlich versetzt würde, man nur aus einem Hause desselben Orts in das andre gekommen zu seyn glaubte. Zwischen den Sitten des Adelichen, des Bürgers, des Bauern ist, in Frankreich sowohl als in Schlesien, ein Abstand, der jedem in die Augen fällt, sobald er von der einen Classe zu der andern übergeht.

Diese Charaktere der verschiedenen Stände zu kennen, ist auch ohne Zweifel, für das Privatleben und für die innere Regierung eines Landes, von eben so großer Wichtigkeit, als es für die Führung der auswärtigen Angelegenheiten ist, die National-Charaktere zu wissen.

Der Charakter der verschiednen Stände hat einen Einfluß auf das Betragen derselben gegen einander; und also auf alle Geschäfte, wo Leute aus mehreren sich zu einem gemeinschaftlichen Endzwecke vereinigen. Jeder Mensch hat mit Personen von höherm und niedrigerm Stande zu thun: die Regierung hat mit allen zu thun. In politischen also sowohl, als in ökonomischen und moralischen Rücksichten, ist es nützlich, die Gesinnungen und Gewohnheiten kennen zu lernen, welche in jeder Ordnung der Bürger herrschen.

Unter diesen Classen nimmt sich wieder der Bauernstand durch größere und abstechendere Verschiedenheiten aus. Die Kenntniß des ihm eigenthümlichen Charakters ist mit der Landwirthschaft, dem Gegenstande, welchen diese Gesellschaft bearbeitet, genauer verbunden. Entweder ist der Bauer selbst Landwirth, oder er ist das lebendige Werkzeug der Landwirthschaft andrer.

andrer. Will die Regierung ihn selbst zu einem bessern Wirthe machen; will ihn der Gutsherr zu seinem größern Vortheile brauchen? Beyde müssen wissen, wie sie ihm beykommen, auf welche Weise sie am sichersten auf ihn wirken können. Die Kunst mit den Bauern umzugehn, ist vielleicht das schwerste Stück bey einer grossen Landwirthschaft.

Ohnerachtet ich nicht in einer Lage bin, wo ich viel mit dem gemeinen Landmanne habe umgehn können; ob ich gleich besonders nie ein Geschäfte mit ihm gemeinschaftlich getrieben habe, wobey man die Menschen am besten kennen lernt: so habe ich doch jede Gelegenheit genutzt ihn zu beobachten, und ich bin aufmerksam auf das Betragen desselben gegen andre gewesen. Die Gedanken, welche ich hier der Gesellschaft über diesen Gegenstand mittheile, sind nicht sowohl ausgemachte Erfahrungen, mit welchen ich dieselbe zu belehren hoffe: es sind Versuche, die ich ihr zur Prüfung vorlege, da so viele Mitglieder derselben im Stande sind, durch langjährige Erfahrungen meine Ideen zu berichtigen, oder zu widerlegen.

Der Charakter der Bauern wird hauptsächlich durch zwey Ursachen bestimmt. Erstlich durch

durch ihre Beschäftigung, die eine körperliche, schwere, einförmige Arbeit ist, und wenig Umgang mit Menschen andrer Stände veranlaßt; zweytens durch ihr bürgerliches Verhältniß, nach welchem sie in einer beständigen Abhängigkeit von einem ihnen immer gegenwärtigen Herrn leben, dessen Gerichtsbarkeit sie unterworfen, und dem sie zu Diensten und Abgaben verpflichtet sind.

Vermöge des ersten Umstandes haben sie also diejenige Ausbildung des Verstandes und die Stimmung des Geistes, welche Leute bekommen, die sich nur mit einem einzigen Gegenstande beschäftigen, aber diesen Gegenstand durch beständige Erfahrung, durch das eigne Handanlegen, und durch eine von dem Interesse geschärfte Aufmerksamkeit sehr genau kennen lernen. — Die Begriffe solcher Leute sind eingeschränkt, aber sie sind, so weit ihr Gesichtskreis reicht, richtig. Sie kennen wenige Dinge aus Erzählungen, aus Nachrichten, aus Büchern: sondern alles, was sie wissen, haben sie mit Augen gesehen, und mit ihren Händen betastet. — Die Begebenheiten ihres Lebens, die Vorfälle ihrer Verwandten, Nachbarn und Bekannten, nebst dem, was zum Ackerbau und zu ihrer Wirth-

Wirthschaft gehört, machen den einzigen, so wie den immerwährenden, Gegenstand ihres Nachdenkens und ihrer Gespräche aus. Dies alles nun führt zu dem, was man bonsens nennt. Denn jedermann würde ihn haben, wenn keiner von mehr Dingen urtheilen wollte, als die er täglich unter Händen hat. Die meisten der halbverstandnen Begriffe, die zu falschen Schlüssen Gelegenheit geben, kommen von dem Unterrichte, der durch Worte gegeben wird, her: er mag nun aus der Schule mitgebracht, oder aus dem Umgange und aus Büchern geschöpft seyn. Wenn das Gedächtniß wenig oder nichts zu fassen bekömmt, als was die Sinne vorher beschäftigt hatte: — da kann der Verstand vielleicht leer bleiben, wenn der Gesichtskreis des Menschen zu klein ist; — aber er wird nicht schief und unrichtig werden.

Der zweyte Umstand, der das Eigenthümliche der Bauern, wenigstens in deutschen Staaten, bestimmt, ist ihr Verhältniß gegen ihre Gutsherrn, und gegen die bürgerliche Gesellschaft überhaupt. Sie sind die untersten Glieder der letztern, und sind also oft der Verachtung, zuweilen auch der Unterdrückung von Seiten der Höhern ausgesetzt. Sie sind von der erstern zugleich Dienstleute, die ihnen arbeiten müssen, und Vasallen, die von ihnen gerichtet und gestraft werden. Diese doppelte Gewalt führt nothwendig etwas willkührliches mit sich: — und wenn sie auch gerecht ist, so ist sie doch drückend. Kein Stand wird so unaufhörlich der Oberherrschaft, die andre über ihn haben, gewahr, als der Bauernstand.

Es giebt eine andre Classe unsrer Mitbürger, die, so unähnlich ihre übrigen Umstände mit den Umständen der Bauern sind, doch in diesen beyden Stücken mit ihnen übereinkommen, daß sie alle nur eine einzige Art von Geschäften treiben, und daß sie lange sind gedrückt und verachtet worden. Das sind die Juden. Beyde nähmlich, Juden und Bauern, bekümmern sich nur um eine einzige Sache, interessiren sich nur für eine: jene um den Handel, diese um den Ackerbau. Beyde sind in der bürgerlichen Gesellschaft von langen Zeiten her größern Lasten unterworfen, und mehrern Ungerechtigkeiten ausgesetzt gewesen, als ihre Mitbürger. Und zum Beweise, daß diese Lage auf den Charakter des Menschen einen sichern und bestimmten Einfluß hat, finden sich auch zwischen diesen beyden Classen, so groß im übrigen

die

die Verschiedenheit ihrer Volks-Art, ihrer Religion und ihres Gewerbes ist, gewisse Aehnlichkeiten des Charakters, die auffallend sind.

Der Jude wird, wie der Bauer, gewitzigt und klug gemacht, — nicht durch Lehrer und Bücher, (die, welche sie haben, sind bey beyden oft mehr geschickt ihre Köpfe zu verderben, als zu bilden,) sondern durch ihre Beschäftigung in ihrem Gewerbe: auf die sie Aufmerksamkeit wenden müssen, weil sie die Noth dazu treibt, und auf die sie alle Aufmerksamkeit wenden können, weil sie und alle die Ihrigen mit keinem andern Gegenstande zu thun haben.

Eine Folge bey beyden, von dieser selbsterlangten Klugheit in einer einzigen Sache, und dem Mangel von Kenntnissen in allen andern, ist, daß sie sich noch klüger zu seyn einbilden als sie sind.

Wenn man die Reden der Bauern hört, so oft sie unter sich und bey der Lust sind; wenn man auf die gelegentlichen Aeußerungen ihrer Denkungsart genau Acht giebt, die ihnen zuweilen auch gegen Höhere entwischen, so wird man finden, daß sie von dem Verstande der vornehmen Leute keine hohe Meynung haben, und daß, wenn sie diese als gelehrter gelten lassen,

sen, sie sich und ihres Gleichen doch für klüger halten. Den großen Haufen der Vornehmen sieht der Bauer für eine Art von leichtsinnigen Thoren an, die nur mit Kleinigkeiten oder mit ihrem Vergnügen beschäftiget sind, und die von dem Soliden und Nothwendigen, dergleichen der Ackerbau ist, keine Begriffe haben. Wenn er einzelne Personen aus jenem Orden, klug, auch nach seiner Weise, und in seinem Geschäfte einsichtsvoll findet: so ist es immer mit einer Art von Befremdung, daß er ihnen diese Vorzüge einräumt. Man wird gewahr, daß erst Vorurtheile bey ihm überwunden werden mußten, ehe er dem Augenscheine trauen konnte.

Auf gleiche Weise habe ich oft gesehn, daß der Jude, wenn er merkt, daß ein Christ die Kunstgriffe seines Handels und die Ränke, die dabey angewandt werden können, einsieht, sich wundert, wie dessen Scharfsinn so weit habe reichen können.

Diese geringe Meynung von dem Verstande anderer ist allen Menschen eigen, die selbst einen eingeschränkten, — aber in Einer Sache durch Uebung geschärften, — Verstand haben. In Absicht derselben übersehen sie wirklich viele andre. Von andern Gegenständen aber, wobey

sich

sich auch Scharfsinn und Klugheit zeigen könne, haben sie keine Begriffe. Die Pedanten unter den Gelehrten sind in eben dem Falle.

Die zweyte Aehnlichkeit zwischen Juden und Bauern, die aus der zweyten Ursache entsteht, aus dem Drucke, unter welchem sie oder ihre Vorfahren gelebt haben, ist das Mißtrauen beyder gegen ihre Obern, und in gewisser Maße gegen alle, welche nicht von ihrem Volke oder von ihrem Stande sind; — die Einbildung, daß sie nicht Unrecht thun, wenn sie durch List und Betrug denen etwas abzugewinnen suchen, die so viele Vortheile vor ihnen voraus haben.

Das Mißtrauen des Bauern gegen seine Herren, und gegen Personen, die von dem Stande desselben, oder die mit ihm in Verbindung sind, — daher auch gegen die Unterregierungen selbst, — ist ein charakteristischer Zug seines Gemüths, der auf sein ganzes Betragen Einfluß hat. Dieses Mißtrauen ist, so wie die Ursache desselben, von doppelter Art. Entweder ist es Mangel des Zutrauens und eine Art von Scheu aus Unwissenheit, oder es ist wirklicher Argwohn aus vermeinter Erfahrung vom bösen Willen des andern.

Das

Das Mißtrauen der ersten Art ist die Gesinnung der Geringern gegen die Höhern überhaupt. Zum Theil werden diese von jenen zu wenig gekannt. Und wirklich, nur die Bekanntschaft, nur der öftere Umgang vertreibt die dem Menschen natürliche Schüchternheit, die man bey Kindern gegen Fremde bemerkt, und die jedem Geschöpfe, das seine Schwäche fühlt, in Absicht neuer und ungewohnter Gegenstände eigen ist. Diese Furcht aber geht leicht in Widerwillen und Haß über: denn man ist Personen nicht gewogen, die eine so unangenehme Empfindung, als die Furcht ist, erregen. — Zum Theil ist der Anblick des Prunks, der den Höhern unterscheidet, — sind alle die sichtbaren Zeichen der Ungleichheit, dem niedrigern Theile unangenehm. Wenn der gemeine Mann nicht so tief in die Sklaverey versunken ist, daß er gar keine Vergleichung zwischen sich und seinem Gebieter anstellt, so sieht er den letztern selten ohne Neid an: und mit dem Neide ist Liebe und Vertrauen unverträglich.

Eine zweyte Art des Mißtrauens entsteht aus mehr positiven Ursachen. Die Erfahrung hat den Bauer gelehrt, daß wirklich viele Gutsbesitzer in dem Betragen gegen ihre Unterthanen

nen bloß durch Eigennuß getrieben werden; daß sie ihre Rechte so weit auszudehnen, die Vortheile des Bauern so zu beschränken suchen, als möglich. Diese Gesinnung, die mehrern Gutsherrn zukömmt, vermuthet der Bauer bey allen: diese Bewegungs-Gründe, die bey manchen Operationen derselben sichtbar sind, sieht er als die einzigen an, durch die sie regiert werden.

Ueberdieß sind seine und seines Herrn Vortheile wirklich in vielen Stücken einander entgegen gesetzt: nähmlich in sofern die Vortheile des Arbeiters und dessen, der die Arbeit bezahlt, entgegen gesetzt sind. Dieser Widerspruch fällt in die Augen. Die Verbindung, die in andrer Absicht zwischen ihrem beyderseitigen Interesse obwaltet, ist versteckter und erfordert Ueberlegung. Daher bleibt der nicht denkende Bauer bey dem ersten stehn. Bey jeder Neuerung, die sein Herr macht oder ihm vorschlägt, wenn er auch für jetzt noch keine ihm schädliche Folgen sieht, vermuthet er doch schädliche Absichten. Um also nicht überlistet zu werden, widersetzt er sich, ehe er noch geprüft hat. Diese Partey scheint ihm immer die sicherste zu seyn.

Dieses Mißtrauen des Bauern, habe ich gesagt, erstreckt sich auch auf die Regierung. —

Nicht bis auf den Landesherrn. — Eben weil dieser auf der andern Seite durch seine Erhabenheit von den Gutsherren so weit entfernt ist, als er selbst, der Bauer, es durch seine Niedrigkeit ist, so glaubt letzterer, daß der Fürst unparteyisch sey. Aber die Beysitzer der Gerichtshöfe und Landes-Collegien, sind mit seinem Gutsherrn von gleichem Range; beyde gehen viel mit einander um; jene können von diesem Gefälligkeiten und Dienste erwarten: sie sind ihm also nicht weniger verdächtig.

Ein dritter Umstand hat großen Einfluß auf den Charakter der Bauern: der, daß sie sehr zusammenhängen. Sie leben viel gesellschaftlicher unter sich, als die gemeinen Bürger in den Städten. Sie sehen sich einander alle Tage, bey jeder Hofarbeit; — des Sommers auf dem Felde, des Winters in der Scheune und der Spinnstube. Sie machen ein Corps aus, wie die Soldaten, und bekommen auch einen esprit de corps. Hieraus entstehen mehrere Folgen. Erstlich sie werden durch den Umgang, nach ihrer Art, geschliffen, abgewitzigt. Sie sind zum Verkehr mit ihres Gleichen geschickter; sie haben von vielen Verhältnissen des gesellschaftlichen Lebens, — von allen denjenigen nähmlich, die in ihrem Stande

de und bey ihrer Lebensart vorkommen können, — beſſere Begriffe, als der gemeine Handwerksmann. Dieſer beſtändige Umgang, dieſe immerwährende Geſellſchaft iſt es auch bey ihnen, wie bey den Soldaten, was die Mühſeligkeiten ihres Zuſtandes erleichtert. Es iſt ein großes Glück, nur mit ſeines Gleichen, aber mit dieſen viel und ohne Unterlaß umzugehn: damit eine genauere Bekanntſchaft und eine wechſelſeitige Vertraulichkeit, wenigſtens ein vertraulicher Ton im äußern Betragen entſtehe, ohne welchen der Umgang nie angenehm iſt. Der Adel genießt dieſer Vortheile. Er geht meiſtentheils nur mit ſeines Gleichen um, weil er ſich aus Stolz von den Niedrigern abſondert: und er kömmt mit ſeines Gleichen viel zuſammen, weil Muße und Reichthum ihn dazu in den Stand ſetzen. — Dem Bauer werden durch entgegengeſetzte Urſachen ähnliche Vortheile zu Theile. Seine Niedrigkeit iſt ſo groß, daß ſie ihn hindert, auch nur den Wunſch, — noch mehr aber daran, die Gelegenheit zu haben, mit Höhern umzugehn. Er ſieht faſt alle andre Menſchen, als Bauern, um ſich. Und ſeine Dienſtbarkeit, ſeine Arbeit bringt ihn mit dieſen ſeines Gleichen häufig zuſammen. Der Handwerker, aus den geringern

B und

und zahlreichern Zünften hat einige dieser Vortheile auch, obgleich bey weitem nicht in dem Grade wie der Bauer: der vornehmere Handwerksmann aber, der geringe Kaufmann, selbst ein großer Theil der Gelehrten entbehrt ihrer gänzlich. Der Höhere mag mit diesen nicht umgehn: sie mögen mit den Niedrigern nicht umgehn; ihre Classe ist nicht zahlreich, ihre Arbeit kann nicht in Gesellschaft gethan werden, und Stunden der Muße haben sie wenig.

Eben dieser Umstand macht aber auch ferner, daß die Bauern wie ein politischer Körper handeln; daß bey ihnen gewissermaßen die Unbequemlichkeiten der demokratischen Verfassung eintreten; daß ein einziger unruhiger Kopf aus ihrer Mitte so viel über sie vermag, und oft ganze Gemeinden aufwiegeln kann. Er ist ferner Ursache, daß Personen andrer Stände so wenigen moralischen Einfluß über die Bauern haben können, es sey dann durch Herrschaft und Zwang. Die Urtheile, Vorstellungen, Beyspiele der Höhern, hören und sehen sie selten, immer nur auf kurze Zeit; und diejenigen von welchen sich ein solcher Einfluß erwarten ließe, sind nur einzelne Personen, mit denen ihrer Viele zu thun haben. Von den Leuten ihres Standes hingegen sind

sie

sie beständig umgeben; deren ihre Meynungen und Gesinnungen müssen also nothwendig, auch bey denen, welche richtigere und bessere kennen gelernt haben, die Oberhand bekommen.

Der Cardinal Retz macht an mehrern Stellen seiner Memoiren, indem er das Verfahren des Pariser Parlements bey den Unruhen der Fronde beschreibt, die Bemerkung: daß zahlreiche Corpora, sie mögen noch so viele aufgeklärte und fein gebildete Leute in sich enthalten, doch, wenn sie beysammen sind, um gemeinschaftlich etwas zu berathschlagen oder zu beschließen, immer wie Pöbel handeln, d. h. durch solche Vorstellungen und Leidenschaften regiert werden, wie das gemeine Volk. Einige Ursachen davon lassen sich muthmaßen. Erstlich in großen Versammlungen wirken Vernunft und sittliches Gefühl, wenn auch diese Eigenschaften vielen einzelnen Gliedern zukommen, nicht so viel, als Eigenschaften schlechterer Art, die aber einen mehr sinnlichen Eindruck machen: dergleichen eine gewisse populäre Beredsamkeit, und Witz, mit Kühnheit verbunden, sind. Ferner giebt es Bewegungen des Gemüths, die, wenn viele Menschen beysammen sind, ansteckend werden, wie das Lachen. Viele Personen nehmen an dem Unwillen oder der Freude einer Gesellschaft, worin sie sich befinden, Theil, ohne die Gegenstände recht zu kennen, worüber der eine oder die andere entstanden ist. Noch mehrere, wenn sie auch den Grund der Sachen wissen, und selbst daran Antheil nehmen, gerathen doch in eine größre Bewegung, als diese Sache an und für sich bey ihnen verursachen würde. Der Anblick so vieler in Leidenschaft gesetzter Menschen bringt sie aus ihrer gewöhnlichen Fassung; und sie stimmen mit dem Haufen zu Maßregeln ein, die sie gewiß würden verworfen haben, wenn sie allein in der Stille darüber nachgedacht hätten. Endlich da der größre Theil der Menschen schwach und ohne bestimmten Charakter ist: so werden die Entschlüsse, die durch die Mehrheit der Stimmen ihre Sanction bekommen — das nothwendige Grundgesetz aller berathschlagenden Gesellschaften, — von dieser Schwäche und Thorheit die Spuren tragen.

Wenn dieß in Versammlungen, deren Glieder aus den gesitteten Ständen sind, sich so verhält: wie viel mehr wird der Pöbel, Pöbel seyn, wenn er sich in zahlreichen Haufen versammelt, um durch die Mehrheit der Stimmen

Auge-

Angelegenheiten, die ihm wichtig sind, auszumachen. Daher sieht man auch, daß Bauern, welche bisher die gesittetsten und vernünftigsten geschienen hatten, sobald sie sich zusammen rotten und für Einen Mann stehen, es sey gegen ihren Herrn oder gegen die Regierung, alsdann ganz blind handeln, keinen vernünftigen Vorstellungen mehr Gehör geben, und durch die thörichtsten und ungereimtesten Ideen regiert werden. Unter den Bauern, Mann für Mann genommen, giebt es kluge und gute Leute in demselben Verhältnisse, als unter allen übrigen Ständen: aber eine Bauern-Versammlung charakterisirt sich fast immer durch Dummheit und Unbändigkeit.

Daher kommen auch die nachtheiligen Begriffe, welche die Höheren von diesem Theile der Menschen hegen. Sie betrachten die, welche dazu gehören, fast immer nur unter dem allgemeinen Gesichtspuncte, als Bauern, — nach den allgemeinen Verhältnissen des Standes, nicht nach den besondern des persönlichen Charakters. Auf die individuellen Unterschiede zwischen Bauer und Bauer, geben sie nur wenig Achtung; bey diesen verweilen sie wenigstens mit ihrer Aufmerksamkeit nicht lange. Aber die Gesinnungen,

gen, das Betragen des ganzen Standes, diese
sind es vornehmlich, welche ihnen in die Augen
fallen, welche ihnen am längsten in Gedanken
schweben. Und da dieses Betragen sich selten
anders, als durch Widersetzlichkeit, und oft durch
Dummheit auszeichnet: so entsteht daraus die
Veranlassung zu sehr nachtheiligen Urtheilen
vom Bauern überhaupt; Urtheile, die nur
derjenige prüfen kann, und die der ge=
wiß mildern wird, welcher in die Häuser der
Einzelnen geht, und das Verhalten eines jeden
gegen die Seinigen, gegen sein Gesinde, seine
Nachbarn u. s. w. untersucht.

Man findet bey den Bauern noch eine an=
dre Folge von dem esprit de corps; daß nähm=
lich in manchen Gegenden, selbst in einzelnen
Dörfern, ein gewisser eigner Charakter herr=
schend wird; daß sich die Anlage zu gewissen La=
stern oder Tugenden, — auf der einen Seite
Hang zur Trägheit und Lüderlichkeit, oder Wi=
dersetzlichkeit und Grobheit, oder diebisches We=
sen, auf der andern Arbeitsamkeit, oder Spar=
samkeit, — bey den Einwohnern dieses oder je=
nes Districts gleichsam festsetzt und durch meh=
rere Generationen forterbt. Man wird eben
dieß, nach dem Zeugniß verständiger Officiere,

unter

unter der Armee bey einzelnen Regimentern, selbst bey Companien gewahr: daß sie sich durch einen gewissen Ton auszeichnen, der in jedem Individuum aus denselben mehr oder weniger sichtbar wird. So ist der Fall bey Universitäten, bey Schulen, bey allen solchen politischen Körpern deren Mitglieder in einer Entfernung von den übrigen Menschen leben, stark unter sich zusammenhängen, und sich nur durch einen so allmähligen Zuwachs wieder ergänzen, daß die vom alten Stamme und von den alten Sitten, über die Neuankommenden, wenn sie auch von andrer Denkungsart wären, immer die Oberhand behalten. Fehler, die in solchen Gesellschaften herrschend geworden sind, lassen sich deshalb schwer und nur langsam verbessern. Bey den Corps aus dem Soldatenstande, kann ein neuer Befehlshaber sehr viel ändern, weil dieser nicht nur Obrigkeit, sondern auch Erzieher seiner Untergebnen ist. Der Edelmann kann bey seinen Bauern weniger, und er kann das nicht so schnell ausrichten, da er nicht in so vielen Verhältnissen sie beherrscht, und nicht in so immerwährendem Verkehr mit ihnen steht.

Die bisher genannten Charakterzüge der Bauern waren aus dem Eigenthümlichen ihrer Lage gleichsam a priori zu schließen; andere werden am besten a posteriori erkannt, wenn man theils ihre äußern Sitten und ihre Handlungsweisen beobachtet, theils auf die Meinungen Acht giebt, welche in der Welt von ihnen herrschen, und dann zurückgeht, um von jenen die Gründe, von diesen die Veranlassung, aufzusuchen.

Die Anmerkungen dieser Art, können, als Beobachtungen, nicht in einem strengen Zusammenhange unter sich stehn. Die meinigen werden um destomehr Stückwerk seyn, da ich nur kurze und immer unterbrochne Beobachtungen anzustellen Gelegenheit gehabt habe.

I.

Es ist ein altes Sprüchwort, wenn der Bauer nicht muß, so rührt er weder Hand noch Fuß: und wirklich ist, bey einem großen Theile auch des jungen Dienstvolks, die äußerste Trägheit in Geberden und Stellungen sichtbar. Woher kömmt das?

Erstlich. Von jeder schweren körperlichen Arbeit, wenn sie nicht zugleich abwechselnd und belustigend ist, oder zum Schauspiele für andre dient; wenn sie die Glieder des Körpers nicht in schnelle und lebhafte, sondern in langsame und anhaltende Bewegung setzt: von jeder solchen Arbeit, ist wegen der damit verbundnen Ermüdung, der Hang zur Trägheit fast unausbleiblich die Folge. Von dieser Art ist die Arbeit des Bauern: sie macht seinen Körper steif und unbehülflich, und also seine Seele geneigt zur Ruhe.

Zweytens. Trägheit ist eine Folge der Leerheit des Geistes. Niemand setzt sich anders in Bewegung, als wenn in seiner Seele Begierden entstehn, welche die Triebfedern zu Handlungen sind. Und Begierden setzen Vorstellungen, setzen Kenntniß von gewissen Gütern voraus. Wer nichts denkt, wünscht auch nichts; und wer nichts wünscht, wird auch wenig zu thun Lust haben. Je geringere Bekanntschaft daher der Bauer mit gewissen Bequemlichkeiten und Annehmlichkeiten des Lebens, und je weniger Neigung er dazu hat: desto schwächere Triebfedern hat er auch; folglich desto weniger Thätigkeit, — wofern ihn nicht Hunger oder äußerer Zwang dazu antreibt. Diese Quelle der Trägheit wird unstreitig durch Verbesserung der Erziehung und des Unterrichts verstopft. Vielleicht trägt die Aufklärung des Bauern nicht immer zu seiner moralischen Besserung bey;

denn

denn wir sehen ja, daß Güte des Charakters oft da fehlt, wo die Cultur am höchsten ist: aber das thut sie gewiß, daß sie ihm seine Gedankenlosigkeit benimmt, wodurch auch seine Unbeweglichkeit vermindert wird; daß, indem sie seinem Geist etwas mehr Beschäftigung giebt, sie ihn auch zur äußern Geschäftigkeit aufgelegter macht.

Vielen Faulen kostet nur der erste Schritt etwas. Wenn sie einmal in Bewegung sind, so fahren sie mechanisch fort zu arbeiten, und sind oft unermüdeter, als die, welche mit Lust und Munterkeit an die Arbeit giengen. Die Ursache ist diese: ihre Faulheit liegt mehr in der Seele als im Körper. Beym Anfange einer Arbeit ist Nachdenken nöthig; es sey um sich zu entschließen, es sey um die Anstalten dazu zu treffen. Zur Fortsetzung einer solchen Arbeit aber, dergleichen der Bauer sie hat, ist nur Anstrengung der Muskeln nöthig. Wer daher dem Bauern das Denken erleichtert; ihm entweder mehr Gegenstände dazu darbietet, oder ihn mehr in die Uebung desselben bringt: der macht ihn gewiß auch behender, gewandter und thätiger. Jenes thut aber der Unterricht.

Der

Der Charakter des Bauern nähert sich dem Charakter des Wilden: und dieß um desto mehr, je ungesitteter er ist. Die Unthätigkeit des Irokesen oder des Hottentotten in seiner Hütte ist unbegreiflich. Er kann halbe Tage lang auf einem Flecke sitzen, oder zusammen gekrümmt wie ein Igel liegen, ohne sich zu rühren, ohne einen Laut von sich zu geben. Eben derselbe Mensch wird, wenn ihn die Lust oder der Hunger auf die Jagd treibt, Wochenlang die Wälder durchstreichen, und in einer unaufhörlichen Bewegung seyn können, ohne zu ermüden. Jene todtenähnliche Ruhe kömmt aus der Gedankenlosigkeit: diese unermüdete Thätigkeit kömmt von der Stärke des Körpers. Der Uebergang von dem einen Zustande zu dem andern, kann nur durch Erregung einer Leidenschaft geschehn.

Diese Schilderung scheint nichts anders als die Carricatur von dem Bilde vieler unsrer Bauern zu seyn. Ihre Faulheit steht immer im Verhältnisse mit ihrer Grobheit und Dummheit. Sie ist nicht sowohl Abneigung von aller Arbeit, als Abneigung von der Arbeit, die man ihnen aufträgt, weil sie die Bewegungsgründe dazu nicht einsehen, oder weil diese Bewegungsgründe nicht stark genug auf sie wirken. Sie ist

ist periodisch, und wechselt mit Zeiten einer unmäßigen Arbeitsamkeit ab. Sie zeigt sich hauptsächlich alsdann, wenn der Mann von der Ruhe zur Arbeit aufgefordert wird. Sie kann nicht gehoben werden, wenn nicht die Seele Mittel bekömmt, sich immerwährend, auch in den Zeiten der Ruhe zu beschäftigen. Nur dadurch wird der Mensch vor dieser durchgängigen Abspannung aller seiner Kräfte verwahrt, die ihm den Entschluß zu einer neuen Anstrengung so schwer macht.

Der gedankenlose Bauer ist faul, weil er keine Verbesserung seines Zustandes wünscht, und sich nach keinen Mitteln, sich solche zu verschaffen, umsieht. Aber auch der überlegende Bauer wird träge und läßig, wenn er nach diesen Mitteln lange vergeblich gesucht, wenn er gar keine Aussicht vor sich hat, zu den bessern Umständen, die er wohl wünscht, zu gelangen. Die natürliche Begierde des Menschen sich glücklicher zu machen, ist wie jede andre Triebfeder: ihre Spannkraft wird durch einen zu großen Gegendruck, den sie nicht zu überwinden vermag, endlich zerstört. Die Thätigkeit ermattet unter beständigen Fehlschlagungen. So werden Familien, so werden ganze Gemeinden, in denen weder

der Dummheit noch Unempfindlichkeit herrscht, faul, wenn sie, vielleicht durch mehrere Generationen, immer vergeblich gestrebt haben, aus der Armuth herauszukommen. Da also, wo der Landmann entweder keine Gelegenheit zu Gewinn bringenden Arbeiten hat, oder wo die Arbeiten zu schlecht gelohnt werden, und keinen der darauf gewandten Zeit und Mühe verhältnißmäßigen Verdienst geben, oder wo durch landesherrliche oder herrschaftliche Abgaben zu viel von diesem Gewinn abgenommen wird; kurz, wo der Bauer mit seinem sauersten Schweiße doch nichts vor sich bringen kann: da entsteht diese, ich möchte sagen, erzwungene Faulheit, die sich von der natürlichen, sowohl der Art als der Ursache nach, unterscheidet. Der Bauer, da er alle andre Wünsche aufgeben muß, sucht endlich das einzige Vergnügen, das dem ohnmächtigen Menschen übrig bleibt, die Ruhe.

Daß dieses so sey, zeigt sich durch deutliche Erfahrungen, wenn man Achtung giebt, in welchen Ländern, Gegenden und Zeiten, die fleißigen, und in welchen die faulen Leute wohnen und leben.

1. Fast immer wird man in den fruchtbarsten Gegenden eines Landes, an den Flüßen, in der

der Nachbarschaft großer Städte, die Emsigkeit — und auf dürren unfruchtbaren Heyden, in abgelegenen Oertern, in unbevölkerten und unbesuchten Gegenden, die Faulheit zu Hause finden. Wenn ein tragbarer Boden, und die Nähe der Käufer für die gewonnenen Erzeugnisse an einem Orte zusammen kömmt: so ist es fast unfehlbar, daß seine Einwohner betriebsam seyn werden.

2. Man sieht aus der Geschichte der Colonieen, wie erstaunlich fleißig die Menschen in einem Lande sind, welches sie erst zu bebauen anfangen, und dessen Grund und Boden noch so wenig vertheilt ist, daß jeder sein Erbtheil nach Maßgabe seines Fleißes und seiner Geschicklichkeit erweitern kann. Freilich giebt diesen Ankömmlingen, die ein wüstes Land anpflanzen, auch die bloße Nothwendigkeit, sich vor Hunger, vor den Elementen und wilden Thieren zu schützen, eine größere Energie. Aber dieser Antrieb hat auf die Kinder und Kindeskinder der ersten Anbauer keinen Einfluß. Entweder überwinden die Menschen diese Hindernisse bald, oder sie werden von ihnen überwunden. Hingegen die Leichtigkeit, mit welcher jeder Vater, durch Urbarmachung wüster Flecke, seinen Kindern neue Besitzungen

tzungen verschaffen kann, die Möglichkeit, welche der Fleißige und Verständige vor sich sieht, sein Eigenthum ohne Ende zu erweitern: dieser Antrieb dauert in solchen Colonieen lange fort. Daher werden in diesen ersten Zeiten des Anbaues, in dem zuvor unbewohnten Lande, in kurzer Zeit Werke zu Stande gebracht, über welche die Nachkommenschaft, wenn sie nun Grund und Boden unter sich vertheilt hat, und an eine ruhigere Arbeit gewohnt ist, erstaunt. Sie ist alsdann in Versuchung zu glauben, was doch von andern Seiten so wenige Wahrscheinlichkeit hat, daß in frühern Zeiten die Bevölkerung müsse größer gewesen seyn. So viele Ableitungen, sagt man, so viele Graben, Brücken, Schleusen, Wege, Dämme, Gebäude, waren zu entrichten. Wo kamen die Hände dazu her? Die Antwort kann keine andre seyn, als, daß die Hände fleißiger waren; daß Noth, und große Hoffnungen alle Stände belebten; daß von der Arbeit, die gethan wurde, noch alle, welche Hand daran legten, auch die Früchte genoßen oder zu genießen hoften: und daß daher die Vereinigung der Kräfte der Gesellschaft vollkommner war, als jetzt, weil jeder in dem allgemeinen Besten seinen Privat-Vortheil fand.

In unsern längst gegründeten und gleichsam schon alternden Staaten, wo viele für Einen arbeiten, und eine Menge der Fleißigen fast leer von aller Belohnung ausgeht, ist Eifer und Lust bey einem großen Theile erloschen, und es geschehen nur die nothwendigen Arbeiten kümmerlich; da unter andern Umständen dieselbe Anzahl von Händen weit mehrere gut zu Stande bringen würde.

3. Was man, von den Ursachen des Fleißes, und der Faulheit, durch die Vergleichung der verschiednen Perioden in der Geschichte einer Nation entdeckt, das wird durch die Vergleichung verschiedner Nationen, oder verschiedner Provinzen in derselben Periode bestätigt. Faulheit und Fleiß des Landmannes richten sich, wenn andre Ursachen gleich sind, nach der billigern oder unbilligern, mehr oder weniger drückenden Einrichtung seiner Frohndienste. Da, wo sie ihm zu viel Zeit rauben, so daß er deren für seinen Erwerb keine übrig behält, oder wo sie ihm zu schlecht bezahlt werden, da ist er faul. Besonders reizt nichts so sehr zur Faulheit, als Dienste, die immer gefordert werden können, und nicht immer gebraucht werden. Ein Bauer in diesen Umständen ist nie Herr über seine Zeit: er wird aber auch nicht, die ganze Zeit

über,

über, in den Dienſten ſeiner Herrſchaft beſchäftigt. Dadurch gewöhnt er ſich zu einem müßigen Erwarten der ihm aufzutragenden Arbeit, oder zu einer langſamen Vollziehung derſelben.

4. An allen Orten, wo man eine neue Art der Induſtrie hinbringt, oder wo ſie ſich von ſelbſt einfindet, da werden die Einwohner auf einmahl fleißiger. Ein Reiſender, der, in dieſem oder jenem Bezirk eines Landes, eine beſondere Munterkeit und auch einen mehrern Wohlſtand des Landmanns bemerkt, forſche nur nach den Umſtänden dieſes Bezirks: und er wird gemeiniglich hören, daß in demſelben der Bauer noch irgend eine Gelegenheit hat, außer ſeinem Ackerbau, etwas zu verdienen, es ſey durch Fuhren, oder durch die Gärtnerey, oder durch eine Manufactur; er wird hören, daß eine große Landſtraße durchgeht, oder daß einige reiche Städte in der Nähe liegen, wo die gewonnenen Erzeugniſſe, in größerer Menge und um beſſere Preiſe, abgeſetzt werden können. Kurz, wie Arbeit Gewinn bringt, ſo bringt Gewinn Luſt zur Arbeit hervor. Man zeige dem Bauern, ſagte ein einſichtsvoller und begüterter Edelmann Schleſiens zu mir, einen Weg durch Geſchicklichkeit und Arbeitſamkeit empor zu kommen: und er wird

C

ihn

ihn gewiß einschlagen. Dieser Edelmann selbst hat den Wetteifer seiner Unterthanen, sowohl zum Fleiße, als zur Erziehung ihrer Kinder, schon dadurch allein erweckt, daß er seine Vögte und Amtleute aus denselben genommen hat, wenn sich einige durch Arbeitsamkeit und Verstand auszeichneten.

Außer Dummheit oder Mangel des Erwerbs, giebt es noch eine dritte Ursache von der Faulheit des Landmanns, die in einem ihm sehr gewöhnlichen Fehler liegt: das ist die Neigung zum Trunke. Versoffene Bauern sind nothwendig faul. Das Uebermaß in hitzigen Getränken macht sie zuförderst dumm, und zum Nachdenken — also auch zu einer zweckmäßigen Arbeit — unfähig. Und dann ist es nur der Trunk, der sie, ohne Arbeit, von dem quälenden Gefühle der langen Weile befreyen kann. Nur wenige, auch faule Bauern sind fähig in ihrem Hause müßig zu gehn; aber in der Schenke ganze Tage ohne andern Zeitvertreib, als das Glas Bier oder Brandwein, welches immer angefüllt vor ihnen steht, zuzubringen, das lernen sie bald. In einem Stande, wo gesellschaftliche Zerstreuungen fehlen, hat der Fleiß keinen größern Feind, als die Trunkenheit.

Ich

Ich habe schon oben gesagt, daß eine der Ursachen von der Trägheit des Bauern auch in seinem Körper liegt, der, ermüdet von schwerer Arbeit, und ungeübt in einer geschickten Bewegung seiner Glieder, in kurzem unbehülflich wird. Ich will hierzu noch folgendes setzen. Es ist nicht zu leugnen, daß, wo der Bauer durch übertriebne Dienste geplagt, oder, um sich zu erhalten, zu einer rastlosen Arbeit genöthiget ist, dabey aber durch zu schlechte, unverdauliche oder zu sparsame Kost genähret wird, sein Körper nothwendig schwach, und sein Blut träge werden muß. Der erste Grund zu dieser Schwäche wird in der Kindheit gelegt. Der wohlgenährte Bauerknabe, der überdieß nicht zu zeitig schwere Lasten zu heben bekömmt, und eine Kleidung und ein Lager hat, welche ihn vor der Witterung schützen, erwächst, natürlicher Weise, zu einem stärkern, behendern, und also thätigern Manne, als der, welchen seine Eltern mit genauer Noth, und nur mit der elendesten Kost sättigen, der schon als Kind die Arbeiten des Jünglings thun soll, und der, in einem leinenen Kittel, und auf einem elenden Strohsacke, nicht selten des Winters friert, wenn er sich durch Schlaf und Ruhe erholen sollte. Fleischspeisen sind

sind es ohne Zweifel, die dem Körper am meisten zugleich Kräfte und Behendigkeit geben, weil sie, auch in nicht zu großer Menge genossen, den Körper hinlänglich nähren. Grobe Mehlspeisen und Zugemüse, wenn sie auch den Körper eben so stark machen, machen ihn doch gewiß träger, weil sie in zu großer Quantität genossen werden müssen, und den Magen also durch das größre Volumen beschweren.

Auf der andern Seite aber wird auch eine Bauern-Classe vor der andern fauler, oder fleißiger seyn, nachdem ihre Verrichtungen mehr, oder weniger Anstrengung des Körpers und Aufmerksamkeit der Seele erfordern: und wie die zu viele, zu ununterbrochne, so macht auch die zu wenige, die zu leichte Arbeit, träge. Personen die mit Aufmerksamkeit auf dem Lande gelebt, haben mich versichert, daß die Hirten, wie die dümmsten, so die faulsten unter den Bauern wären. Es ist begreiflich. Kein andrer, als ein Mensch ohne Fähigkeiten, kann bey einer so einförmigen Beschäftigung lange aushalten. Und hat einer von besserm Stoff aus Noth dieselbe mehrere Jahre getrieben, so muß er nothwendig gedankenleerer, und zu Verrichtungen

gen, welche Nachdenken und anhaltende Arbeit erfordern, ungeschickter werden. *)

Ein andrer Unterschied, sagen diese Personen, ist zwischen dem Fleiße des Hofeknechts, der Hofemagd, und zwischen dem Fleiße eines Bauers oder einer Bäurin, die ihrer eignen Wirthschaft vorstehen. Oft werden diejenigen, die als Hofegesinde fleißig gewesen sind, träge Wirthe. Das kömmt erstlich daher: sie sind gewohnt worden, immer Befehle zu bekommen, und von andern getrieben zu werden. Es fehlt ihnen nicht an der nöthigen Kraft und Lust ihre Glieder zu bewegen: aber es fehlt ihnen an derjenigen Thätigkeit der Seele, von der ich gleich anfangs geredet habe; an der, welche nöthig ist, um Entschlüsse zu fassen, über die Folge und Ordnung ihrer Verrichtungen nachzudenken, das, was heute geschehn muß, von dem, was auf morgen verschoben werden kann, zu unterscheiden. Ueberdieß thut es ihnen, bey ihrer Entlassung aus dem Herrendienste, so wohl,

nicht

---

*) Die Kuhhirten auf den Alpen sind nicht so dumm, noch unthätig. Das weiß ich. Auch unsre Schäfer sind es nicht. Jene haben die ganze Viehwirthschaft über sich: — diese haben in Verpflegung der Schaafe einen Gegenstand abwechselnder Beschäftigungen. Unsre sogenannte Hirten thun nichts, als daß sie das Vieh auf der Weide hüten.

nicht zur Arbeit gezwungen zu werden: daß sie auch die, welche ihnen die Liebe zu ihrem eignen Wohl auferlegen sollte, unterlassen. Sie sind immer getrieben worden: sich selbst anzutreiben haben sie nicht gelernt.

Ein Gutsherr wird am besten den Fleiß unter seinen Unterthanen befördern, setzten meine Freunde hinzu, wenn er dieselben kennen zu lernen und sie nach ihren Anlagen und ihrem Charakter auf diejenige Stelle zu befördern sucht, welche sie am besten auszufüllen gemacht sind; wenn er die, welche befohlne Arbeit unter Aufsicht gut und emsig machen, als Gesinde braucht, und in dem Dienststande erhält; denen aber, welche Kopf und natürlichen Fleiß haben, um sich ihre Arbeit selbst zu wählen, zu dem Besitze von eignen Grundstücken verhilft. Er thut unrecht, sagten sie weiter, und befördert die Faulheit, wenn er ihr so zu sagen nachgiebt, und diejenigen, welche einen Hang dazu haben, zu Verrichtungen bestimmt, welche wenig oder keine schwere Arbeit erfordern, wenn er sie z. E. zu Heideläufern macht. Ruhe und Bequemlichkeit muß die Belohnung des Fleißigen seyn. Nur derjenige Herr kann unter seinen Vasallen den Fleiß aufmuntern, der zugleich im Stande und bemüht

müht ist, (denn ungerecht wäre es, dieß von allen Gutsbesitzern zu fordern,) denen, welche mehr und schwerer gearbeitet haben als andre, in ihrem Alter ein etwas besseres Auskommen mit Gemächlichkeit zu verschaffen.

II.

Eine andre Eigenschaft jedes, in der Unwissenheit und Niedrigkeit, erzognen Menschen ist eine mit Scheu verbundne Neugier in Absicht alles dessen was fremd ist. Die Unwissenheit des Bauern macht, daß er an neuen Gegenständen oder unbekannten Personen, besonders wenn letztre aus den höhern Ständen sind, etwas außerordentliches findet, das seine Bewunderung erregt, oder wenigstens seine Aufmerksamkeit fesselt. Seine Ungewohnheit, mit andern, als mit seines Gleichen und mit Bekannten, umzugehn, macht, daß er sich mit Fremden nicht zu benehmen weiß, und sich also im eigentlichen Verstande vor ihnen schämet. Das Gefühl seiner Niedrigkeit und Schwäche endlich erregt etwas der Furcht ähnliches, das nicht selten mit Widerwillen verbunden ist, wenn der Fremde weit über ihn zu seyn scheint. Alle diese Gemüthsbewegungen äußern sich um desto mehr, je schlechter erzogen, je plumper, je unwissender,

und

und je sclavischer der Bauer ist. Sie bilden sich überdieß noch auf mehr als eine Art um, nach der besondern Lage, in welcher sich der Stand der Bauern überhaupt, oder gerade die Gesellschaft der Bauern befindet, unter welche der Fremde geräth.

Ich habe auf meinen kleinen Ausflügen in Schlesien und in den angrenzenden Provinzen Deutschlands, eine fünffache Begegnung des Landmanns gegen Fremde bemerkt.

Da, wo er ganz ungeschliffen und dumm ist, gafft er sie an, ohne eine andere Bewegung zu fühlen, als die der Verwunderung. Der Anzug des Fremden, sein Thun und Lassen, ist für einen solchen Bauern eine seltsame Erscheinung, die er sich nicht zu erklären weiß, und die seine wenigen, bloß in den Bezirk seines Dorfs eingeschränkten, Begriffe auf gewisse Weise in Verwirrung bringt. Ich glaube, daß ein Reisender den Grad dieser mit Befremdung vermischten Neugier, die er unter den Einwohnern eines Dorfs erregt, so lange ihm andre Gelegenheiten diese kennen zu lernen fehlen, ziemlich richtig als den Maßstab der Verfeinerung und Aufklärung brauchen kann, zu welchem sie gelangt sind. Wenn ich in einem Dorfe bemerke, daß

daß Junge und Alte ruhig ihren Weg fortgehn, gesetzt auch daß sie einen besser, oder anders gekleideten Menschen, — oder wenn sie ihn auf andre Weise sich betragen, anders beschäftiget sehen, als sie selbst sind: da schließe ich schon auf eine gewisse Bildung des Verstandes und der Sitten. Diese Menschen, sage ich zu mir selbst, müssen entweder schon mehr Sachen gesehen haben, um das, was ihnen jetzt vorkömmt, nicht mehr neu zu finden; oder sie müssen besser und schneller urtheilen und Begriffe verbinden können, um sich das, was ihnen wirklich als neu erscheint, bald zu erklären, und dadurch ihrer Verwunderung Einhalt zu thun. In beyden Fällen sind sie gewiß klüger, als andre ihres Gleichen.

Zweytens. Da, wo der Bauer durch Unterdrückung sclavisch geworden ist, bezeigt er sich gegen jeden ansehnlichen Fremden sehr demüthig: aber eben an solchen Orten wird er auch leicht diesen Fremden anbetteln. Die Schüchternheit des Sclaven ist mit der Unverschämtheit des Bettlers nahe verwandt.

Drittens. Der tückische und etwas boshafte Bauer ist sehr zum Spott über Fremde, oder solche Personen, die etwas ihm auffallendes an sich haben, geneigt. Wer zu Fuße durch irgend ein Land reist, wird sehr oft das erfahren, was Moritzen in England wiederfuhr; daß er, ohne sich des geringsten Uebelstandes bewußt zu seyn, bey der Jugend in den Dörfern ein Gelächter hinter sich her erregt; besonders wenn der bäurischen Zuschauer viele beysammen sind. Diese Neigung des gemeinen Mannes, über alle, die nicht seines Gleichen, und doch nicht seine Herren sind, zu spotten, ist im Grunde ein Zug von kindischem Charakter. Denn der Mensch ohne Erziehung bleibt in vielen Rücksichten immer Kind. Das Fremde und Unbekannte wirkt nämlich auf solchen auf eine doppelte Weise. Ist es zugleich mit den Zeichen von überlegner Macht oder Würde verbunden, als z. B. wenn ein Wagen mit sechsen gefahren kömmt, oder ein Herr mit mehrern Bedienten einhertritt; sind der Fremden mehrere, und der Zuschauer aus dem Pöbel wenige: so erregt es Furcht; der Bauerknabe verbirgt sich alsdann. Hat es aber nichts fürchterliches; fühlt der Bauer, der den Fremden sieht, seine Ueberlegenheit für diesen Augenblick, es sey durch die Anzahl seiner Kameraden, oder auf andre Weise; ist er außerdem bey der Lust: so wird der Contrast

Contrast zwischen ihm und dem Fremden ihm leicht in einem lächerlichen Lichte vorkommen. Was ihm vorher fürchterlich war, ist ihm jetzt nur fremd und poßirlich. In diesem Verhältnisse darf nur etwas geändert werden; der Fremde, welcher der Bauern-Gesellschaft nicht ehrwürdig vorkömmt, oder den sie, weil er ohne Begleitung ist, augenscheinlich nicht zu fürchten hat; darf nur über ihr Feld, oder durch ihre Gärten gehn, oder sich irgend etwas erlauben, was sie als einen Eingriff in ihr Eigenthum ansieht, auch wenn er dasselbe nicht im mindesten verletzt; so wird der Trupp, anstatt in Spöttereyen, vielmehr in Schimpfreden und Grobheiten ausbrechen. Diese größre oder geringere Bereitwilligkeit der Dorf-Einwohner einer Gegend, Unbekannten, einen ihnen selbst unschädlichen Gebrauch ihres Eigenthums zu verstatten, ist ebenfalls ein Zug, woran der Reisende Denkungsart und Charakter derselben erkennen kann.

Viertens. Diejenigen Bauern, welche durch Wohlhabenheit, Kriegsdienste, oder größre Unabhängigkeit, mehr Zuversicht zu sich selbst bekommen haben, und zugleich etwas mehr Weltkenntniß besitzen, doch ohne dadurch moralisch gebildet worden zu seyn, sind gegen Fremde trocken

cken und kalt. Sie laſſen keine beſondre Aufmerkſamkeit auf ſie blicken. Sie beantworten, was ſie gefragt werden, nur kurz und einſilbig. Sie laſſen ſich nicht durch jeden Schein blenden. Sie müſſen des Ranges oder des Reichthums des Fremden gewiß ſeyn, wenn ſie ihm höflich begegnen, oder dienſtfertig gegen ihn ſeyn ſollen. Dieſe Vorzüge, deren Beſchaffenheit und Werth ſie beſſer, als andre ihres Standes, kennen gelernt haben, haben für ſie eine Wichtigkeit, durch welche der Eindruck der bloßen Neuheit verdrängt wird. Ihr erſter Gedanke alſo, wenn ſie einen Fremden ſehen, iſt, insgeheim darnach zu forſchen, von welchem Stande und wie reich er ſeyn möge. Fallen die Nachrichten, die ſie einziehen, günſtig für ihn aus, ſo werden ſie geſprächig und dienſtwillig. Finden ſie das Gegentheil, ſo bleiben ſie ſtumm und kalt. — In dem Uebergange, von gänzlicher Rohigkeit zu dem wahrhaft geſitteten Weſen, giebt es eine mittlere Stufe, wo der Menſch gegen die Unterſchiede des Glücks ſehr aufmerkſam iſt, größre Vorzüge aber noch nicht kennt. Auf dieſer Stufe ſteht derjenige Bauer, deſſen Betragen gegen Fremde ich jetzo beſchrieben habe. Da er den Reichen und Vornehmen nicht

bloß

bloß fürchtet, sondern schätzt: so ist in ihm gewiß auch schon eine Begierde, selbst vornehmer und reicher zu werden. Und dieß zieht ohnfehlbar größre Betriebsamkeit nach sich.

Eine fünfte Art des Betragens gegen Fremde, ist die eigennützige Freundlichkeit und Dienstfertigkeit, die nur bloß auf den Beutel derselben sieht. Sie findet sich bey einem durch Industrie und durch Handel sich bereichernden Landvolke mehr, als bey einem, das bloß vom Ackerbau lebet; sie findt sich in allen Ländern leicht an den großen Heerstraßen ein, wo der Durchzug der Fremden häufig ist. Jenes Landvolk ist zur Sparsamkeit und Aufhäufung kleiner Gewinnste gewöhnt, und verachtet also keinen: jedermann ist ihm willkommen, welcher ihm etwas zu seinem gesammelten Schatze hinzuthut; nur umsonst ist bey ihm nichts zu haben. Bey dem Bauer im letztern Falle wird der Eigennutz durch die Gelegenheit, die er hat viel auf einmahl zu gewinnen, vergrößert, und seine natürliche Dienstfertigkeit, wenn er deren zuvor hatte, wird durch die Menge derer, die Anspruch darauf machen, geschwächt. In den kleinern Cantons der Schweitz, und in den höhern Alpen ist die Gastfreyheit und Dienstfertigkeit zu Hause: in den

häu-

häufiger besuchten Ebnen dieses Landes herrscht der Eigennutz.

Doch die Beobachtung der Bauern mehrerer Länder zeigt deutlich, daß die äußere Lage nicht alles beym Menschen thut. Naturell und Umstände müssen zusammenkommen, wenn eine gewisse Wirkung im Charakter und Betragen unausbleiblich erfolgen soll.

III.

Man lernt den Charakter eines Standes nicht besser kennen, als wenn man ihn mit dem Charakter der ihm ähnlichsten Stände vergleicht. Wenn ich auf diese Weise den Bauern mit dem geringern Handwerksmanne in den Städten vergleiche: so entdecke ich folgende Eigenheiten von jedem.

Auf der einen Seite sind viele Handwerker mehr eingeschränkt in ihren Begriffen; sie sind nicht so klug, so überworfen, so bekant mit den Vorsichtigkeits-Regeln, welche man im Verkehr mit andern, bey Sachen, die das Eigenthum betreffen, zu beobachten hat, nicht in Ränken so erfinderisch, als der Bauer. In der That hat der gemeine Handwerksmann mit wenigern und einförmigern Gegenständen zu thun. Er ist in seine Stube eingeschlossen; was er in der

Jugend gelernt hat, wiederhohlt er nur ohne Aufhören ganz mechanisch: er steht, vermöge seiner Unabhängigkeit selbst, und weil er keine liegende Gründe besitzt, in weniger bürgerlichen Verhältnissen. Der Bauer hingegen hat ein weiteres Feld von Betrachtungen. Die Landwirthschaft erfordert mehrere auf einander folgende Arbeiten, die nicht immer auf einerley Art, noch in gleicher Ordnung geschehn können; und die also immer neue Ueberlegung brauchen. Die freye Luft und Bewegung ermuntert auch den Geist, und viele der bäurischen Geschäfte lassen dem Bauer Freyheit zu denken, worüber er will, und wenn er mit andern arbeitet, auch davon zu reden. Der Bauer ist überdieß Eigenthümer, Lehnsmann, Pächter, er kauft und verkauft." Alle Arten von Contracten kommen ihm unter die Hände; er erhält von den verschiedenen Arten des Eigenthums und ihrer Unterordnung Begriffe; er lernt viele der persönlichen und dinglichen Rechte aus seinem eignen Zustande kennen, von welchen der geringere Einwohner der Städte nichts erfährt. Dieser ist daher weit weniger Jurist und Rechenmeister als der Bauer. Da er überdieß nicht so oft in den Fall kömmt, Rechenschaft von seinen Handlungen geben, und

sich

sich entschuldigen zu müssen, so hat er weniger List und Verstellungskunst.

Der Bauer auf der andern Seite, ist erstlich in seinem Aeußern ungebildeter und rauher, als der Handwerksmann. Man pflegt dieß gemeiniglich Grobheit zu nennen. Er hat seltner Leute von höherm Stande und besserer Erziehung vor Augen; und hat weniger Antrieb des Ehrgeizes sie nachzuahmen. Seine Sitten bleiben also so, wie er sie bey seines Gleichen von Jugend auf gesehen hat, und so wie sie zu seiner Beschäftigung, und zu dem Grade der Ausbildung seines Gemüths sich schicken. Es ist nichts Fremdes, nichts Angenommenes an ihm: aber das Eigne ist noch roh und ungeschliffen. Der Handwerker hingegen, der den Vornehmern näher ist, der oft, obgleich immer nur auf kurze Zeit mit ihnen zu thun hat, und der weder durch seine Erziehung vorbereitet ist, noch durch die Art seines Umgangs mit den Vornehmern angeleitet wird, sich nach den Mustern, die er gelegentlich sieht, wirklich zu bilden: der Handwerksmann, sage ich, nimmt einzelne Ausdrücke, Stellungen, Gebräuche von ihnen an, die zu seiner übrigen Handlungsweise, selbst zu seiner Denkungsart und seinen bürgerlichen Verhältnissen, nicht passen. Er wird daher

nicht

nicht selten affectirt; er bekömmt einen falschen
Wohlstand. Dieses Gemisch von vornehmen
und gemeinen Sitten ist es eben, was man das
Bürgerliche Air nennt, und welches in verschied=
nen Graden allen städtischen Gewerben anklebt,
bis es sich endlich bey denjenigen Personen ver=
liert, welche entweder durch sehr ausgebreitete
Geschäfte einen großen Umgang mit der Welt
bekommen, oder wegen des alten Wohlstandes
ihrer Familien, einer frühzeitigen Cultur ihres
Verstandes und ihrer Sitten theilhaft geworden
sind. Oft ist daher der Handwerker von dem
wahren Anstande, der immer das Natürliche
voraussetzt, weiter entfernt, als der Bauer.
Man sieht auch, daß ein gesunder, wohlgebilde=
ter, wenn gleich noch so tölpischer Bauer, leich=
ter zu dem Anstande, den die militärische Disci=
plin fordert, gebracht wird, als ein Schneider=
oder Schuster=Geselle. Dieses kommt zum Theil
auch daher, daß zwar der Körper des Bauern
durch seine Arbeit sehr ermüdet und abgehärtet
wird, daher auch seine Seele etwas, theils von
Trägheit, theils von ähnlicher Rauhigkeit und
Härte bekommt; daß er aber doch nicht so zu=
sammenschrumpft, nicht so verschoben und gleich=
sam gelähmt ist, als der Körper vieler sitzenden

D   Hand=

Handwerksleute, welche daher, wegen des Zusammenhangs der, zwischen Körper und Geist ist, auch in ihren Urtheilen, Sitten, und ihrem ganzen Betragen etwas schiefes und verschobenes bemerken lassen.

An geschärftem Mutterwitze, an Gesundheit und Stärke des Körpers also thut es der Bauer dem geringern Einwohner der Städte zuvor. Dieser aber gewinnt wieder einigen Vorzug durch seine Erziehung und durch seine Freyheit. Im Ganzen ist der Unterricht in den Landschulen doch noch schlechter, als der, welchen die gemeine Jugend in den Städten erhält. Der Handwerksbursche ist in den Zeiten seiner Lehrjahre unter einer strengen Aufsicht, wird zur Arbeit und Eingezogenheit angehalten, und vor den Ausschweifungen seines Alters eben durch seine Häuslichkeit bewahrt. Ist er in einer frommen und gutdenkenden Familie, so werden ihm durch gute Beyspiele, oder durch Lesen und Unterricht, doch einige religiöse und sittliche Grundsätze eingeflößt. Der Bauerjunge ist mehr sich selbst überlassen, besonders sobald er anfängt zu dienen; er ist eher den Versuchungen der Wollust ausgesetzt, und hat fast mehr Gelegenheit die aufkeimende Lüste zu be-

friedi-

felbigen; *) er ist mit vielen eben so jungen,
rohen Menschen, als er selbst ist, und auch mit

*) Ich bin über diese Stelle, von verschiedenen meiner Bekannten, die auf dem Lande wohnen, angegriffen worden, indem sie es für eine ausgemachte Sache ansahen, daß die Reinigkeit der Sitten beym Landvolke größer sey, als die bey den Einwohnern der Städte. Diese Meinung ist sehr alt und ausgebreitet; sie hat sich durch die dichterischen Schilderungen von der Unschuld der Schäferwelt, welche man auf das ganze Landvolk anwendet, den Gemüthern tief eingeprägt. Sie enthält also gewiß etwas Wahres. — Eben deswegen wird sie aber auch weniger untersucht; und sie kann also auch viel Vorurtheil enthalten, — so wie die Meinung von der größern Gesundheit der Landleute, welche an vielen Orten durch den Augenschein widerlegt wird. Ich wage es nicht den Streit im Allgemeinen zu entscheiden: dazu gehört eine viel ausgebreitetere Kenntniß von Stadt- und Dorf-Einwohnern, als ich habe. Er läßt sich auch, glaube ich, im Allgemeinen nicht entscheiden, weil so sehr viele Unterschiede zwischen Zeiten und Oertern sind. Ich will nur einige Beobachtungen und Reflexionen hersetzen, welche gemacht haben, daß ich jenen Satz im Texte nicht für durchaus falsch halte, weswegen ich ihn auch ungeändert stehen lasse, um denen, welche Stadt und Land besser kennen, als ich, Gelegenheit zum Untersuchen zu geben. Ich habe erstlich, wenn ich auf dem Lande gewesen bin, oft in kleinen Gemeinden, so viel von verführten Mädchen gehört, auch so viele Fälle von gebrochner Ehe, selbst von unnatürlichen Lastern erfahren, daß ich kaum glauben kann, daß in einer gleichen Anzahl von geringen Bürgerfamilien mehr Beyspiele solcher Vergehungen vorkommen können. Freylich ist dies nur eine ongefähre Schätzung: und ich bin nicht gewiß, daß, was an Einem Orte geschieht, an allen wahr ist. Fürs andre, weiß ich, wie groß noch in der Classe der Handwerker die Schande eines geschwächten Mädchens, wie nachtheilig es selbst dem Jünglinge sey, wenn er eine Geschwächte heyrathet. Nach den viel-

lüderlichen, in Gesellschaft; er hört, außer der Predigt, selten etwas moralisches oder zur Religion

leicht dem Fleiße nachtheiligen, Gesetzen der Handwerkszünfte in den alten deutschen Städten, kann ein solcher Geselle nie Meister werden. Immer aber sind der Verführer und die Verführte den Vorwürfen ihrer Zunftgenossen ausgesetzt. Auch habe ich unter den Handwerksfamilien, die mir bekannt geworden sind, nicht häufigere Ausschweifungen dieser Art erfahren, als sich unter einer gleichen Anzahl von Menschen in allen Ständen vermuthen läßt. Wenn ich auf die Umstände unsers Bürgers und unsers Bauern sehe: so finde ich, daß, weil der erste mit seiner Familie und seinen Dienstboten, wie ich schon gesagt habe, weit mehr in seiner Wohnung eingeschlossen lebt, als der letzte, auch bey jenem der Umgang beyder Geschlechter miteinander mehr eingeschränkt ist, und junge Leute von beyden weniger Gelegenheit haben zusammenzukommen. Der Geselle und die Tochter des Meisters gerathen zuweilen in ein Liebesverständniß, das sich mit der Entehrung der letzten endigt. Aber diese Gelegenheit zu vorzeitiger Befriedigung dieser Triebe ist auch fast die einzige. Das junge Bauernvolk ist weniger unter den Augen seiner Eltern. Wenn es als Dienstgesinde auf einem großen Hofe versammelt ist, so ist der unschuldigere Theil der Gefahr ausgesetzt, von einigen wenigen Lüderlichen, die unter dem Haufen seyn mögen, verdorben zu werden. Die Aufsicht über ihre Sittlichkeit ist nur eine Nebensache der Herrschaft, welcher sie dienen; und der Gelegenheiten, wo beyde Geschlechter zusammenkommen, sind viele, und sie sind unvermeidlich. Ferner bringt der, als Beurlaubte oder Verabschiedete in sein Dorf zurückkehrende Soldat freyere Grundsätze und nicht selten verdorbnere Sitten unter die Einwohner desselben mit, als die städtischen Einwohner vom Handwerksstande zu hören und zu sehen Gelegenheit haben. Das, was, nach meiner Meynung, von der Verdorbenheit der städtischen und der Unschuld der ländlichen Sitten, wenigstens in den Provinzen Deutschlands, welche ich einigermaßen kenne, wahr ist, beläuft sich auf folgende:

ligion gehöriges. Wenn der junge Handwerker heranwächst, und sich in seinem Stande anßäßig macht;

des. Je größer die Städte sind, desto größer ist der Zufluß von Fremden; desto größer ist die Anzahl reicher Unverehlichten unter dem männlichen, und die Anzahl der Dürftigen unter dem weiblichen Geschlechte. Die vornehmere Classe giebt viele Verführer, die allerunterste viele der Verführung ausgesetzte, — vielleicht ihr sich darbietende Mädchen her. Zwischen diesen beyden Arten der städtischen Einwohner geschehen die meisten Ausschweifungen. Der Handwerksstand, von dem ich eigentlich rede, der zwischen beyden Extremis ist, nimmt an diesen Unordnungen weniger Antheil. Ueberdieß scheint das Uebel in den Städten größer, weil es auf einen Haufen kommt, und eine gewisse Publicität hat. Freylich machen öffentliche Häuser der Unzucht, wenn sie einmahl vorhanden sind, daß viele von beyden Geschlechtern in den Städten verführt werden, die in ihrer übrigen Lage Vergehungen dieser Art nicht sehr ausgesetzt wären. Auch ist die große Anzahl müßiger unbeweibter Bedienten, eine eigne Classe der Stadt-Einwohner, die, verdorbne Sitten zu bekommen, und sie unter dem gemeinen Leuten auszubreiten, vorzüglich aufgelegt ist. — Auf dem Lande, in entferntern Gegenden, in wohlhabendern, etwas auf sich haltenden Bauernfamilien, deren Kinder unter dem Schutze der Eltern bis zu ihrer Verheyrathung bleiben, kann Eingezogenheit und Unwissenheit des Lasters mehr herrschen, als selbst in gleich gesitteten Bürgershäusern. Es können auch gewisse Scenen unverschämter Unzucht nicht so leicht auf dem Lande vorfallen. Es ist endlich aus den reinern Sitten der Vorwelt, (wenigstens schildert man sie uns so,) und aus denen der Landleute in den einsamern Gebirgen, zu vermuthen, daß die größre Zügellosigkeit unsrer Bauern von der Ansteckung herrührt, welche die Städter oder die Soldaten unter sie verbreitet haben. Aber so wie die Sachen jetzo wirklich stehen, glaube ich, daß Unschuld und Verdorbenheit der Sitten in den Städten und auf dem Lande sich ziemlich gleich sind, und nur durch besondre

macht; so nimmt er doch an der Aufklärung, die in der Stadt und in dem Zeitalter herrscht, einigen Antheil, theils durch die Gelegenheit, die er hat, auch gute Canzel-Vorträge zu hören, theils durch die Bücher, die ihm in die Hände fallen, theils endlich durch manche gelegentliche Unterredung mit Männern von Einsicht. Der Bauer findet außer seinen Geschäften, seinen Erfahrungen und seinem Nachdenken, selten neue Quellen des Unterrichts in seinem höhern Alter, unabhängig von denen, welche er in seinen Kinderjahren gehabt hat. Daher dauern bey ihm die ererbten, oder in der Jugend erlernten Begriffe, und mit denselben auch alte Vorurtheile, am längsten fort: und sein Geschmack, seine Religionskenntnisse, seine physikalischen und moralischen Einsichten, sind hinter dem Grade der Erleuchtung des Zeitalters weiter zurück, als die des gemeinen Bürgers. In Welthändeln und Geschäften weiß er sich mehr Rath: im Räsonniren, in wissenschaftlichen Begriffen, in

Kennt-

sondre Umstände, welche nicht fortdauern, an dem einen oder dem andern Orte aus ihrem gewöhnlichen Verhältnisse kommen; daß in den Städten die bettelarme Classe mehr lüderliche Mädchen, die reichere und vornehmere mehr ausschweifende Männer, der Handwerksstand mehr Reinigkeit der Sitten und Zucht enthält, als der Bauernstand.

Kenntniß allgemeiner Wahrheiten, ist ihm der Städter überlegen.

Dieser ist ferner frey: ein zweyter Umstand, der, wenn er auch nicht seinen Charakter sehr veredelt, doch ihm manchen Anlaß zur Verschlimmerung benimmt. Der Bauer ist auch da, wo keine Leibeigenschaft statt findet, doch dem Besitzer des Grundes und Bodens, den er bewohnt, als seinem Richter und zugleich seinem Dienstherrn unterworfen, der in dem ersten Verhältnisse die allgemeinen Gesetze an ihm, oder in seinen Angelegenheiten zu vollziehen, in dem andern besondre Dienste und Abgaben für sich selbst zu fordern hat. Der Handwerksgeselle dient auch: aber er kann seinen Herrn verlassen, sobald dieser ihm nicht mehr gefällt; und dieser Herr ist nicht seine Obrigkeit. Selbst der Handwerksmann steht in einer mannichfaltigen Abhängigkeit, — unter vielerley Zwange: aber diese Herrschaft, die über ihn ausgeübt wird, ist unter viele vertheilt; sie ist weniger sichtbar und also weniger beschwerlich. Der Bauer hat eine einzige Person vor Augen, die ihm durch die Macht, welche sie ausübt, fürchterlich, durch die Abgaben und Dienste, die sie von ihm fordert, oft verhaßt ist. Er sieht oder bildet sich ein, daß

seine

seine Vortheile mit den Vortheilen dieser Person in beständigem Widerspruche stehn. Und doch kann er sich der Verbindung mit derselben nicht entziehn*); und doch kann er in den Vertragspuncten mit ihr nichts ändern. In dieser Lage, wenn nicht Religion und ein natürlich guter Charakter dem Menschen zu Hülfe kommt, erlangt Haß, Bitterkeit, Widerwillen, die Herrschaft in der Seele. Und da der Bauer zu ohnmächtig ist diese Leidenschaften durch offenbaren Widerstand auszulassen, so nimmt er zum Betruge, zur List, zu heimlichen Ränken seine Zuflucht.

Dieß mag es wohl seyn, was dem Bauern den besondern Beynahmen des tückischen zugezogen hat, mit welchem man so oft das Eigenthümliche seines Charakters bezeichnet.

Ich habe lange studirt, was das Wort tückisch, welches ich nie öfter gehört habe, als wenn von Bauern die Rede gewesen ist, eigentlich

---

*) Er kann freylich jetzt nach unsern Gesetzen sich loskaufen und wegziehn. Aber erstlich nur, um anderswo wiedre in die Unterthänigkeit zu fallen. Ueberdieß muß er in diesem Fall, wenn er aus der Verbindung mit seinem jetzigen Herrn kommen will, sein Eigenthum veräußern, seinen Wohnort verlassen, seine ganze Lage ändern, — Hindernisse, die einer völligen Unmöglichkeit gleich gelten können.

lich bedeute. Es ist nicht gleichgeltend mit betrügerisch. Es ist nicht so hart als dieses; es geht aber mehr auf den ganzen Charakter, da das Wort betrügerisch mehr auf einzelne Handlungen geht. — Das Wort listig drückt etwas zu allgemeines aus: das tückische Wesen ist eine Unterart von der List.

Außer den Bauern sind es vornehmlich die Kinder, von denen man sagt, daß sie tückisch aussehen. Es soll also ohne Zweifel ein Gemisch von kindischem Wesen, von Einfalt, von Schwäche, — mit Bosheit, mit List anzeigen. Ich will die Physiognomie zu Hülfe nehmen, um das Geistige, welches jener Ausdruck bezeichnen soll, mir zu erklären. Jeder erinnert sich ohne Zweifel solche Gesichter von Bauernknaben gesehn zu haben, wo das eine Auge, oder auch vielleicht beyde unter den halbgeschlossenen Augenliedern, wie verstohlen hervorschielen, deren Mund offen und zu einem spöttischen, etwas dummen Lachen verzogen, der Kopf gegen die Brust angedrückt oder doch zur Erde gesenkt ist, als wenn er sich verbergen wollte: mit einem Worte, Gesichter, in welchem sich Furcht, Blödigkeit, Einfalt, mit Spott und Abneigung vermischt, abmahlen. Solche Knaben stehen, wenn man etwas von ihnen

ihnen verlangt, oder zu ihnen redet, unbeweglich und stumm wie ein Stock; sie antworten auf keine Frage, die der Vorübergehende thut. Ihre Muskeln sind wie steif und unbeweglich. Sobald aber der Fremde sich ein wenig entfernt hat, laufen sie zu ihren Kameraden und brechen in ein lautes Gelächter aus.

Man kann nach wahrscheinlichen Vermuthungen glauben, daß einige, mit diesem Ausdrucke des Gesichts, mit diesem Betragen übereinstimmende, Züge in dem Charakter des Bauern mehr, als in dem Charakter andrer Stände, lebenslang herrschen. Der Gemüthszustand, welcher sich dadurch zu erkennen giebt, scheint der oben angezeigten besondern Lage angemessen zu seyn, in welcher der Bauer sich befindet. Sein niedriger Stand, seine Dienstbarkeit, seine Armuth bringen ihm eine gewisse Furcht vor den Höhern bey; seine Erziehung und Lebensart macht ihn auf der einen Seite unbiegsam und trotzig, auf der andern in vielen Stücken einfältig und unwissend; der öftere Widerspruch seines Willens und seiner Vortheile mit dem Willen und den Befehlen seiner Vorgesetzten, giebt seinem Gemüthe eine Anlage zum Hasse. Er wird also, wenn die Fehler seines Standes

bey-

bey ihm nicht durch seine persönlichen Eigenschaften aufgehoben worden sind, jenem Knaben, besonders im Betragen gegen seine Obern, ähnlich seyn. (Und gerade die Obern und Herrn des Bauern sind es auch, die ihm den türkischen Charakter zuschreiben.) Er wird Verstellung an die Stelle offenbaren Widerstandes setzen; er wird vor den Augen derselben demüthig, nachgebend, sogar ihnen ergeben scheinen, und wo er glaubt verborgen zu bleiben, wird er alles wider ihren Willen und ihr Interesse thun. Er wird auf Ränke und Intriguen sinnen, die demohnerachtet nicht so fein ausgesponnen seyn werden, daß sie sich nicht sollten bald durchsehn lassen.

Man kann zwey Haupt-Unterschiede, wie in den Schicksalen, so in dem Charakter der Bauern anmerken. Der ganz unterdrückte, der unter dem Joche einer völligen Sklaverey seufzt, wird, in seinem gewöhnlichen Zustande, fühllos sich alles gefallen lassen, ohne den mindesten Widerstand zu thun, selbst ohne den Wunsch nach Erleichterung in sich zu fühlen: er wird sich selbst zu den Füßen desjenigen werfen, der auf ihn treten will. Dann aber, wenn er aus dieser Schlafsucht durch besondre Umstände, durch Aufhetzungen, durch einen listigen und kühnen An-

führer

führer erweckt wird, dann wird er wüthend, wie ein Tieger, und verliert auf einmahl, mit der Demuth des Sclaven, auch alle Gefühle der Menschlichkeit.

Der halbleibeigne Bauer, der Eigenthum hat und den Schutz der Gesetze genießt, aber doch unter mehr oder weniger lästigen Bedingungen an die Erdscholle, und mit ihr an den Dienst des Eigenthümers derselben gebunden, und seinem Richteramte unterworfen ist: dieser Bauer erträgt gemeiniglich seine Beschwerden nicht ohne Empfindlichkeit. Man darf nicht befürchten, daß er sich dieselben durch offenbare Gewaltthätigkeit, als Rebelle, vom Halse zu schaffen suche: aber er führt dagegen einen immerwährenden, geheimen Krieg mit seinem Herrn. Dessen Vortheile zu schmälern, die seinigen zu vergrößern, das ist ein Wunsch, den er im Grunde seines Herzens immer mit sich umherträgt, und eine Absicht, die er insgeheim, so oft es angeht, zu verfolgen sucht. Untreue und kleine Dieberehen, verübt an den Gütern seines Herrn, hält er für lange nicht so schändlich, als wenn er sie sich gegen seines Gleichen erlaubte. Er ist nicht der ganz demüthige Sclave seines Herrn, er ist nicht ein für ihn fürchterlicher

Feind:

Feind: er ist aber auch kein freywilliger aus gutem Herzen gehorsamer Unterthan; er ist das, was man wahrscheinlicher Weise durch das Wort tückisch hat ausdrücken wollen.

Zu dem tückischen Wesen kann man als einen Bestandtheil, oder als eine Folge, einen gewissen Eigensinn setzen, der den Bauer, wenn er in Leidenschaft ist, oder wenn ein Vorurtheil sich einmahl bey ihm eingewurzelt hat, unterscheidet. So wie sein Körper und seine Glieder steif sind, so scheint es in diesem Falle auch seine Seele zu seyn. Er ist alsdann taub gegen alle Vorstellungen, die man ihm macht, so einleuchtend sie sind, und so fähig er mit unbefangenem Gemüthe seyn würde, ihre Richtigkeit einzusehn. Die richterlichen Personen, welche in Processen der Bauern arbeiten, werden zuweilen solche Individuen gekannt haben, bey denen es zweifelhaft ist, ob die Hartnäckigkeit, mit der sie auf einer augenscheinlich ungereimten Idee bestehn, von ihrer Blindheit, oder ob sie von einer entschlossenen Bosheit herkomme. Zuweilen kann ganze Gemeinden ein solcher Schwindelgeist anfallen. Sie sind alsdann gewissen Verrückten gleich, die, wie man es ausdrückt, eine ideam fixam haben, d. h. eine Vorstellung,

stellung, welche ihr Gemüth ohne Abwechselung einnimmt, oder bey der kleinsten Veranlassung wiederkommt; und die, so falsch sie ist, nicht durch den Augenschein der Sinne, nicht durch Vorstellungen der Vernunft, weggeschaft werden kann, weil sie wirklich nicht in der Seele, sondern in der Beschaffenheit der Organe, ihren Grund hat.

Nichts bringt mehr gegen den Bauer auf, als wenn man diesen Eigensinn an ihm gewahr wird. Denn was kann der Höhere weniger ertragen, als wenn der Geringere ihn nicht hört? Und, was kann in der That den Verständigen und Gutdenkenden mehr aufbringen, als wenn die größte Deutlichkeit seiner Vorstellungen, und alle in ihnen liegende Kraft der Wahrheit, nichts über das Gemüth derjenigen vermag, welche er dadurch zu ihrer Pflicht, oder zu ihrer Ruhe zurückbringen will?

Aber auch hier wird der Menschenfreund Ursache finden, Geduld und Nachsicht zu beweisen. Es ist diese Hartnäckigkeit nicht immer, ja sie ist nur bey dem kleinsten Theil derer, welche sie beweisen, Bosheit. Dieser verführte große Haufe, der gegen seine Anführer ein blindes Vertrauen, und gegen sich selbst das Mißtrauen hat,

nicht

nicht genug übersehen zu können, was zu seinem Vortheil oder Schaden ist: dieser hütet sich schon, auf die Vorstellungen, die ihm der Richter oder der Vorgesetzte macht, auch nur Acht zu geben. Er fürchtet sich vor seiner eignen Schwäche, und hört deswegen den, welchen er für seinen Gegner hält, nicht einmahl mit derjenigen Aufmerksamkeit an, welche nöthig wäre, wenn er von den Gründen desselben gerührt werden sollte. *) Andre hingegen sind durch diejenige Ungelenksamkeit des Verstandes, die eine Folge von weniger Cultur und geringen Kenntnissen ist, unfähig, aus einer Reihe von Vorstellungen, in die sie sich einmahl hineingedacht haben, in eine andre überzugehn. Die Worte, die sie hören, gleiten, so zu sagen, an ihren Ohren hinweg. Ihr Verstand vernimmt nichts

---

*) Der Bauer, habe ich oben gesagt, hält sich für klug, und nicht selten für klüger als andre Stände. Der Bauer, sage ich hier, fürchtet sich in gewissen Fällen vor seiner eignen Einfalt. Beydes kann sehr wohl mit einander bestehen. Der Stolz auf seinen Verstand überhaupt, und das Mißtrauen gegen seinen Verstand in einzelnen Fällen, ist bey noch mehrern Menschen vereinigt, als bey den Bauern: — bey denen nehmlich, die überhaupt einen eingeschränkten haben. Wenn sie bloß über sich und andre urtheilen, so erheben sie sich über andre: wenn sie aber mit andern in Sachen zu thun haben, wo es auf ihren Nutzen oder Schaden ankommt, so erkennen sie ihre Schwäche, und vergrößern sie sich oft.

nichts davon. Und wenn die Rede zu Ende ist, so ertönt in ihrem Kopfe nichts, als der alte Satz, den jene Rede widerlegen sollte. Man sieht, daß die Hartnäckigkeit, welche aus dieser Quelle bey den Bauern entsteht, nur durch die Verbesserung ihrer Erziehung, und durch die Veredlung ihres Geistes wegzuschaffen ist.

IV.

Es ist ein allgemein bekannter und schon oft bemerkter Charakterzug des Bauern, daß er gern beym Alten bleibt. Es müssen ungewöhnlich starke Bewegungsgründe auf ihn wirken, wenn er die von seinen Eltern ihm gleichsam angeerbte Art sein Geschäfte zu treiben, so lange sie ihm nur einigermaßen sein Auskommen verschaft, abändern soll. Dieser Hang, den er mit einem großen Theil aller Handarbeiter gemein hat, rührt theils aus Trägheit her, — jede Neuerung erfordert Nachdenken um sie zu fassen, erfordert neue Uebung um sie gehörig auszuführen; theils aus Unverstande, — der Bauer ist nicht fähig allgemeine Gründe zu durchdenken, und er hält sich also an die Erfahrung, als seine einzige Führerin; theils aus Mißtrauen gegen die Höhern, — die meisten Vorschläge zu Verbesserungen kommen von der

Obrig-

Obrigkeit, oder von den Gutsherrn, oder von den Gelehrten, wovon er den einen nicht die nöthige Einsicht, den andern keinen guten Willen gegen sich zutraut: theils endlich aus Mangel der Begierde nach einem bessern Zustande, als sein gegenwärtiger ist.

Bey einer solchen blinden Anhänglichkeit an alte Gewohnheiten, ist die Dienstbarkeit des Bauern selbst beynahe das einzige Mittel, wodurch er belehrt werden kann. Als freyer Bauer, würde er auf seinem Acker nie eine neue Methode versucht haben. Als Fröhner, ist er gezwungen, auf dem Acker seines Herrn dergleichen zu versuchen. Seine Dienste bey einem verständigen Wirthe lehren ihn also manches verbesserte Ackerwerkzeug, manche nützliche Bearbeitung des Bodens kennen und schätzen, die er in seiner Hütte würde verlacht haben. Er sieht zugleich die Wirkung davon vor Augen: und dasjenige Vorurtheil, welches keine Gründe ihm würden benommen haben, muß doch den wiederhohlten Experimenten, die er gezwungner Weise anstellt, weichen.

Uebrigens ist dieses Vorurtheil des Alterthums bey einer Classe von Menschen, die mit ganz unentbehrlichen Arbeiten ohne Aufhören beschäftigt ist, und die weder Muße noch Fähigkeit hat, a priori Sachen zu durchdenken, überhaupt genommen, mehr nützlich als schädlich. Die Erfahrung leitet in der That die Menschen, wenn sie von Generation zu Generation, an demselben Orte, dasselbe thun, ohne daß sie es selbst wissen, grade auf die Methoden, welche den Umständen die angemessensten sind. Daher kommen die Neuerer, welche, ohne die Localkenntnisse aus Erfahrung zu haben, aus allgemeinen Gründen glaubten Aenderungen machen zu müssen, nach einigen Jahren von Versuchen, so oft auf die zuerst verachteten Methoden zurück. Verständige Landwirthe sind auch einig, daß viele, und selbst der größte Theil der in neuern Zeiten vorgeschlagnen Veränderungen, keinen wesentlichen Nutzen haben, und daß es überhaupt in der Landwirthschaft auf die genaue und pünctliche Ausführung mehr, als auf neue Methoden ankomme, wenn man sich gute Erndten verschaffen will. Wenigstens würde der Landmann weit mehr irre gehn, wenn er seinen eignen Speculationen traute, oder jedem Rathe eines Reformators Gehör gäbe, als wenn er sich an die Beyspiele, und die Uebung seiner Vor-

Vorfahren hält, und das, was diese gethan haben, nur mit Sorgfalt und Fleiß nachahmt.

V.

Die letzte der oben angezeigten Ursachen von der Anhänglichkeit des Bauern an das Alte, die Gleichgültigkeit desselben gegen die Verbesserung seines Zustandes, verdient noch eine etwas weitere Erörterung, da ihr Einfluß sich nicht bloß auf diesen Fehler erstreckt, sondern in der That bey ihm das größte Hinderniß alles Fortganges, sowohl in seinem Fleiße und in seinen Einsichten, als in seinem Wohlstande werden kann.

Der erste Schritt zur Bildung des Geistes ist eine feinere Empfindlichkeit der Sinne; der erste Sporn zur Thätigkeit ist der Wunsch nach Befriedigung der Bedürfnisse, welche daraus entstehn.

Der unterste Grad dieser Verfeinerung ist, daß man einen Unterschied unter dem macht, was dem Geschmack und Gefühl angenehm, oder unangenehm ist. Auch unter den Thieren ist dasjenige das dümmste und das gröbste, welches alles frißt, was ihm vorkömmt. Je gewählter das Thier in seinem Futter ist, desto mehr Fähigkeit, Gelehrigkeit, und Anlage zur Sittlichkeit zeigt es auch im Uebrigen. Schon einige Grade weiter ist derjenige

E 3 Mensch

Mensch vorgerückt, und weiter, als je ein Thier kommen kann, der von den Gegenständen des Auges und Ohres vergnügt, oder beleidigt wird, der an Reinlichkeit in Kleidung und Wohnung ein Wohlgefallen findet, der in der letztern Licht und freye Luft verlangt; der an sich und an den Dingen, die um ihn herum sind, gerne etwas, das auch bloß zum Schmucke gehört, anbringt. Mit dieser Verfeinerung der sinnlichen Gefühle, oder mit dieser Vervielfältigung der sinnlichen Begierden, wächst allerdings auch der Fleiß; und er wächst fast nur durch diese. Denn der Bauer, welchem der Schmutz, darinn er lebt, nicht mißfällt, der, welcher sich nicht vorstellt, daß er glücklicher seyn würde, wenn er etwas bessere Speisen äße, einigen reinlichen Hausrath, manierliche Kleider, und ein helles Zimmer hätte, welche Triebfedern sollte der haben, sich sehr zu bemühen?

In dem jetzigen Zustande der Dinge, und in unserm deutschen Vaterlande, giebt es noch Bauern genug, welche kein anderes Wohlleben kennen, als das bloße Nichtsthun, — und dann, Uebermaaß in gemeinen Speisen und Getränken. Wenn sie bey diesen Gesinnungen arm sind, so bleiben sie es auch: wenn sie durch Zu-
fälle

falle wohlhabend werden, so werden sie zugleich übermüthig. Denn wozu sollten sie ihr Geld anwenden, da sie nicht ihre Bedürfnisse vervielfältigt haben, da sie nicht für mehrere Arten des Vergnügens empfindlich geworden sind, als die auch der Aermste unter ihres Gleichen genießen kann? Es bleibt ihnen nur eines von folgenden zwey Sachen zu thun übrig. Entweder, wenn sie gute Wirthe sind, so kaufen sie sich größere Güter an, (und dieß ist die beste Anwendung, die sie von ihrem Gelde machen können;) oder wenn sie mehr den Genuß suchen, so befriedigen sie damit nur ihre gröbern Sinne, sie trinken, sie spielen, sie gehen desto mehr müßig. Im ersten Fall ist das Glück, welches sie suchen, — das, dessen sie genießen, der Stolz auf ihren Reichthum: der, da sie doch deßwegen nicht weniger in dem Verhältnisse der Unterthänigkeit bleiben, mit den ihnen dadurch aufgelegten Pflichten in Widerspruch kömmt, und sie daher ihren Herren vorzüglich beschwerlich, sie trotzig und processüchtig macht. Im andern Falle versinken sie desto tiefer in Unsittlichkeit, und alle ihrem Stande gewöhnlichen Fehler.

Dergleichen Erfahrungen sind es ohne Zweifel, die das unglückliche Vorurtheil hervorgebracht, oder bestätigt haben, daß der Bauer nie besser seine Pflicht thue, als im Elende, und unter dem Drucke; und daß Wohlhabenheit und gute Tage ihn verderben. Das lateinische Sprichwort, welches dieses sagt,*) hat ganz das Gepräge der finstern Jahrhunderte, woraus es herkommen mag, und es empört, ich gestehe es, meine Empfindung äußerst. Aber alle jene Erfahrungen beweisen das nicht, zu dessen Erweis sie angeführt werden. Es ist ein großer Unterschied, ob eine gänzliche und dauerhafte Verbesserung mit den Umständen des Bauern vorgehe, oder ob einzelne unter ihnen sich durch plötzliche Glücksfälle bereichern. Die letztern können leicht übermüthig und unsittlich werden. Denn da sie nicht durch ihre Erziehung, und durch die allmählige Verfeinerung ihres Geschmacks, zu dem Gebrauche ihres Vermögens vorbereitet worden sind; so erhalten sie dadurch nur Mittel, in denjenigen groben Leidenschaften mehr auszuschweifen, von welchen sie in ihrer Armuth waren beherrscht worden. Im ersten Falle hingegen, wenn der ganze Stand der Bauern,

---

*) Rustica gens optima flens, pessima ridens.

Bauern, durch stufenweisen Fortgang ihres Fleißes und eine allmählige Erleichterung ihrer Lasten, zu einem größern Wohlstande gelangt: wird dadurch gewiß auch sein moralischer Charakter veredelt. Durch die Kenntniß mehrerer Bequemlichkeiten und die Liebe zu einem gewissen Luxus, wird er von grober Schwelgerey abgehalten. Ueberdieß bekömmt eine wohlhabende Bauerschaft mehr Ehrliebe, und etwas mehr Achtung gegen sich selbst. Sie giebt ihren Kindern eine etwas beßere Erziehung. Sie kömmt den höhern Ständen etwas näher. Eben dadurch lernt sie aber auch die großen Vortheile und Vorzüge derselben kennen: und dieß unterdrückt hinwiederum bey ihr den Stolz, den der Reichthum erregen könnte.

VI.

Es ist eine Folge langer und immerwährender Abhängigkeit, und zwar um desto mehr, je sclavischer sie ist: daß die in derselben lebenden Menschen sich gewöhnen, auch in Absicht ihres Unterhalts sich mehr auf ihre Obern, als auf sich selbst zu verlassen. Es ist eine Art von Ersatz für die Sclaverey, daß der Sclave unter allen Umständen von seinem Herrn ernähret werden muß, wenn dieser nicht sein Eigenthum verlieren will:

will: es ist aber auch eine Folge derselben, daß der Sclave den Gedanken sich selbst zu ernähren aufgiebt.

Es ist daher kein gegründeter Einwurf gegen die Vorzüge derjenigen Verfassung, worinn der Bauer Freyheit und Eigenthum hat, daß der leibeigne Bauer selbst diese Vortheile, wenn sie ihm angeboten werden, von sich weist. Wenn durch eine gewisse Lage, sie sey den natürlichen Neigungen des Menschen noch so sehr zuwider, der Geist einmahl niedergedrückt worden ist, so ist es kein Wunder, daß er sich zu der bessern unfähig fühlt, und also auch nach und nach die Lust dazu verliert. Insbesondere aber wird in unserm Falle der Trieb, durch eignen Fleiß, nicht nur sein Auskommen zu erwerben, sondern auch etwas für sich, auf Fälle der Noth, oder für seine Kinder, bey Seite zu legen, bey dem Bauern, welcher lange in armseliger Abhängigkeit geschmachtet hat, unwirksam und ohne Einfluß. Er bekömmt den Bettlerssinn: sein armseliger Zustand behagt ihm, wofern er nur weiß, daß sein Herr ihm Brot geben muß, wenn er keines hat. Die Sicherheit seines Unterhalts ist ihm mehr werth, als die Hoffnung zu gewinnen: und jene glaubt der träge gewor-

dene

bene Leibeigne, nicht in dem Eigennutze seines Herrn, der keinen Unterthan, ohne selbst Scha, den zu leiden, verhungern lassen kann, als in seinem Flaiße zu suchen.

Die unzählbaren Abstufungen, die es, auch nur in dem Bezirke unsers Landes, von der Dienstbarkeit der Bauern, und den Rechten ihrer Herren giebt, machen, daß ein Gemählde dieser Art nur auf einen kleinen Theil der Classe, von welcher die Rede ist, vollkommen passet; und daß, wer dasselbe mit dem Zustande eines einzelnen Bezirks, eines einzelnen Dorfs vergleichen wollte, es leicht für unähnlich und schlecht getroffen halten könnte. Aber es ist nothwendig, in einer solchen Schilderung, diejenigen Züge abgesondert darzustellen, die in der Wirklichkeit mit vielen andern Umständen vereinigt erscheinen, wodurch ihre Natur mehr oder weniger verändert wird. Es ist nothwendig, die Ursachen, deren Wirkungen man untersuchen will, in ihrer ganzen Kraft, und ungeschwächt von Hindernissen, anzunehmen. Es ist alsdann leicht, diejenigen Fälle zu bemerken, wo jene Ursachen weniger vollständig vorhanden gewesen sind, oder wo ihnen durch begleitende Umstände Widerstand geleistet worden ist.

So wird man auch endlich diesen Bettlersinn der Bauern, diese Sorglosigkeit für die Zukunft, diese Geneigtheit, sich wegen ihrer Ernährung auf ihren Herrn, den sie doch nicht lieben, zu verlassen, diese Gleichgültigkeit gegen alle Mittel, sich aus einer solchen Abhängigkeit zu reissen: dieß alles wird man, bald mehr, bald weniger, — Im Ganzen aber immer Im Verhältnisse der Strenge der Leibeigenschaft, finden. Dieß ist also Beweisesgenug, daß jene Eigenschaft des Gemüths aus dieser Lage entsteht.

VII.

Man begreift unter dem Namen der Bauern zweyerley Leute, die in Absicht ihrer Lage und ihres Verhältnisses mit ihrem Herrn, von einander merklich unterschieden sind: ich meine die Besitzer von Bauergütern, — und diejenigen eigentlichen Fröhner, welche von dem Lohne der Dienste, die sie ihrem Herrn leisten, ganz allein oder vornehmlich ihren Unterhalt haben.

In Aufklärung, in äußern Sitten, sind beyde, wie in der Mundart, die sie reden, einander fast gleich: weil sie, in beständigem Umgange mit einander und in gleichem Maße von den gesitteten Ständen abgesondert, sich durch einander wechselsweise bilden. Im Charakter aber, in den Grundsätzen,

sätzen, wornach sie in dem gesellschaftlichen und
bürgerlichen Verkehr handeln, in den Gesinnungen und dem Betragen gegen ihre Herren, welches sie durch merkliche Schattirungen von einander ab. Das ist wenigstens der Erfahrung
und dem Zeugnisse derjenigen Gutsherren gemäß, welche Dörfer, worinn eine starke Bauerschaft ist, und solche, worinn es nicht als Gärt-
nerstellen giebt, zugleich besitzen. Unter den eigentlichen Bauern herrschen diejenigen Fehler
vorzüglich, welche dem Stande und der Beschäftigung ankleben: aber Grobheit, Anhänglichkeit an alte Vorurtheile, und Eigensinn. Unter
dem Dienstleuten hingegen, diejenigen, die aus
der Herrschaft, aus der schlechten Erziehung
und aus der Armuth entstehn: Verstellung,
heimtückisches Wesen und Dieberey. Jene, da
sie von ihrem Herrn nicht abgesondert leben,
können auch weniger durch ihn gebessert werden;
da ihr Interesse wenigst an den Vortheil ihres
Herrn gebunden ist, und ihre Dienste nicht
durch den Antheil, den sie an seinem Ertrage haben, vergütet werden; so thun sie unwilliger
Dienste; sie sind schwerer im Gehorsam zu erhalten, und wenn sie einmahl aufsätzig geworden sind, schwerer zur Ruhe zu bringen. Das

hingegen

Hingegen haben sie oft alle übrigen Tugenden der Menschen und des Hausvaters, in dem Maße und nach den Verschiedenheiten, als man solche bey jedem andern Stande findet. Wenigstens sind gewiß die vernünftigsten, die edelsten des Bauernstandes, unter denjenigen zu finden, die ihren väterlichen Acker selbst pflügen. Diese, (als Hofgärtner,) werden durch die beständige Aufsicht, unter der sie bey Leistung ihrer Dienste stehn, wenn sie auch für sich selbst Hang zur Ausschweifung und zur Faulheit hätten, in einer gewissen Ordnung und zum Fleiße angehalten; sie ertragen die Unterthänigkeit leichter und verweigern den Gehorsam seltner, weil sie Vortheil davon haben, wenn ihres Herrn Wirthschaft gut bestellt wird: aber sie können auch, wenn sie aufgebracht werden, zu einem viel höhern Grade von Bosheit kommen. Sie sind so gewohnt, zu ihren Arbeiten getrieben zu werden, daß sie, ohne Aufsicht, sich selbst überlassen, selten ihre Schuldigkeit thun. Sie haben endlich häufiger diejenigen Fehler, die mit der Verstellung, und mit einem kleinen niedrigen Eigennutze verbunden zu seyn pflegen, — Unredlichkeit gegen ihren Herrn und Neid gegen ihres Gleichen.

Unter

„ Unter den Bauern, welche Eigenthümer, und wohlhabend sind, besonders wenn ihr Wohlstand durch einige Generationen fortgedauert hat, entsteht ein gewisser Familienstolz, der sich von dem persönlichen sehr deutlich unterscheidet, und der als charakteristisch, in dieser Classe und unter solchen Umständen, angesehen werden kann. Der reiche Handwerksmann ist auch stolz: aber selten bleiben seine Kinder bey demselben Gewerbe; wenigstens ist es ein außerordentlicher Fall, wenn, durch etliche Generationen hindurch, Wohlstand und Beschäftigung zugleich in einer und derselben Familie forterben. Dadurch allein aber nur kann der Name einer Familie, in dieser Zunft, unter dieser Classe von Bürgern, ein Ansehn, einen gewissen Vorzug bekommen. Bey reichen Bauern treffen diese Umstände weit öfter zusammen. Die Familien können lange wohlhabend bleiben, ohne doch ihren Stand zu verlassen, oder ihren Wohnsitz zu verändern. Ihre Zweige breiten sich oft in derselben Gegend weit aus. Mit dem Nahmen derselben verknüpft sich also endlich in der Gesellschaft, unter welcher sie immer gelebt haben, ein gewisser Vorzug. Dieß erregt den Stolz, wovon ich rede. Ein Bauer dieser Art thut sich etwas darauf zu Gute, aus diesem

sem und diesem Geschlechte herzustammen, zu den Kunzen oder Heinzen zu gehören, die in der Gegend, wo er lebt, die angesehensten sind. Dieser Stolz, der dem Adelstolze ähnlich ist, wird dadurch vergrößert, wenn sich mehrere solcher Familien oft unter einander, und nur unter einander verheyrathet haben. Kömmt irgend noch ein andrer Unterschied in Herkunft, Sitten, oder Tracht hinzu: so wird dieses System von bäurischem Adel noch vollständiger ausgebildet. Ein Beyspiel davon sind die Altenburgischen Bauern. Aber auch, wo sie keinen solchen status in statu ausmachen, findet man Gegenden, wo gewisse wohlhabende Bauernfamilien, unter einander verschwägert, sich die besten Güter zu eigen gemacht haben. Und diese sind es, die sich auch auf ihren Stand, als Bauern, auf ihre Tracht, und auf alles, was den Stand anzeigt, etwas zu Gute thun. Man hat deren gesehen, welche wohlhabende Bürgertöchter geheyrathet haben, aber nur unter der Bedingung, daß sie sich wie Bäurinnen trügen. Es war ihnen daran gelegen, daß ihre Eheweiber sich unter ihrer Classe, als wohlhabender, durch eine größre Kostbarkeit ihrer Kleidung, auszeichneten, aber nicht; daß sie sich durch eine fremde Kleidung von derselben absonderten. VIII.

VIII.

Es ist eine allgemeine Eigenschaft derer, welche mit Strenge beherrscht werden, daß sie diejenigen hinwiederum strenge beherrschen, die unter ihnen stehn. Es giebt, der Erfahrung gemäß, keine ärgern Despoten, als die, welche es aus Sclaven geworden sind. Ein altes Sprichwort sagt das nähmliche vom Bauern, der zum Edelmanne wird. Und schon in dem Stande der Unterthänigkeit selbst, wenn der Bauer noch täglich Gelegenheit hat zu erfahren, wie weh der Druck und die Härte eines Obern thue, ist er doch geneigt, seine Kinder und sein Gesinde hart zu behandeln. Nicht daß er einen genauen Gehorsam, und auf eine gleichförmige Art, von ihnen fordert; sondern er giebt mit seinen Leidenschaften ohne Einschränkung gegen sie nach. Er straft sie oft unmäßig strenge wegen kleiner unvorsätzlicher Fehler, besonders wenn dadurch etwas von seinem Eigenthume ist verletzt worden, und läßt große muthwillige hingehen, ohne sie zu bemerken. Dieß ist auch der größte Fehler, den er bey der Erziehung seiner Kinder begeht, und wodurch er sie, anstatt des Gehorsams, Bosheit und Widersetzlichkeit lehret.

Ueberhaupt sind Zorn und Furcht die beyden Leidenschaften, welche bey rohen Gemüthern die Oberhand haben, und gewöhnlich wechselsweise dieselben beherrschen. Die Liebe der beyden Geschlechter gegeneinander, die bey den höhern Ständen so viel zur Bildung der Sitten und selbst des Charakters beyträgt, indem sie das eine Geschlecht auf alles, wodurch es dem andern gefallen kann, aufmerksam, und nach den Eigenschaften, wodurch es dem andern liebenswürdig wird, begierig macht, hat bey dem Stande, von welchem wir reden, weniger, oder doch einen ganz andern Einfluß. Die Liebe ist bey ihm meistentheils eine Sache der Sinne und des Temperaments. Die Imagination wird nicht sehr dadurch ins Spiel gesetzt; es verbinden sich wenige moralische Gefühle damit; und die Begierde zu gefallen wird nicht erregt. Ueberdieß haben die Bauern nicht genug Muße, aus der Liebe eine Beschäftigung zu machen. Nur auf zweyerley Weise wirkt dieser Trieb auf den Charakter der Bauern: zum Schlimmen durch Ausschweifungen; bald vortheilhaft, bald nachtheilig durch das Heyrathen. Liederlichkeit und Unzucht hat bey ihnen, wie bey allen Ständen, die Folge, zugleich nachläßige Wirthe

Wirthe und Verschwender, — oft Spieler und
Trunkenbolde zu machen. Doch ist dieß nicht
von einer einmahligen Ueberraschung der Sinnlichkeit, sondern von der Herrschaft derselben zu
verstehn. Viele gefallene Mädchen sind treue
Weiber geworden, und der Bauer hat sich oft als
Ehemann und Hausvater, sehr gut aufgeführt,
welcher, als junger Bursche, ausgeschweift hatte. —
Was die Wirkung der Verehlichung betrift, so ist
dieselbe bey den Männern vielleicht am sichtbar-
sten: Viele derselben heyrathen sich, wie man zu
sagen pflegt, besser, artiger, fleißiger, als sie vorher
waren. Ich weiß nicht, ob es eben so viel Beyspiele
von Weibern giebt, die sich durch das Heyrathen
verbessert hätten. — Andre verderben, — werden, aus fleißigen und ordentlichen Jünglingen,
faule und lüderliche Ehemänner. Dieses, welches
in allen Ständen zuweilen geschieht, ist bey dem
Bauern desto weniger zu verwundern, weil das
Weib in seiner Haushaltung von großer Wichtigkeit ist, und zum guten oder schlechten Fortgange
der Wirthschaft, durch ihre Eigenschaften und ihre Arbeit, beynahe noch mehr beyträgt als der
Mann. Daß dem wirklich so sey, bestätigen die
Zeugnisse aller, die sich um den Wohlstand der
Bauern durch eine Reihe von Jahren bekümmert

haben;

haben; und wie es zugehe, erhellet aus zwey Betrachtungen. Erstlich, das Weib hat die Milchwirthschaft über sich: und an vielen Orten machen die Kühe den vornehmsten, — an allen aber einen sehr wichtigen Theil des Reichthums von dem gemeinen Landmanne aus. Ferner bey einer so kleinen Haushaltung, als die seinige ist, kömmt auf das Zurathehalten, Sparen und Vertheilen, eben so viel an, als auf das Erwerben. Dieses kann oft durch den größten Fleiß des Mannes nicht erhöht werden; durch die häusliche Wirthschaft des Weibes aber, kann der nähmliche Erwerb ungleich weiter zureichen. Viele mittelmäßige Wirthe kommen vorwärts durch gute Weiber: aber ein lüderliches Weib richtet den fleißigsten Mann zu Grunde. Wenn nun aber, in der ehelichen Gesellschaft der Bauern, die Dienste der Frau von so großer Wichtigkeit für die Wirthschaft des Mannes sind, so kann es nicht fehlen, daß nicht auch ihr Betragen einen Einfluß in den Charakter desselben haben sollte. Derjenige arbeitet mit mehr Lust, welcher sieht, daß er etwas vor sich bringt: das wirthschaftliche Weib also, durch deren Sorgfalt dem Manne sein Erwerb mehr zu Gute kömmt, macht oder erhält denselben auch fleißig.

Auf

Auf der andern Seite, wenn im Hause, in dem Gebiethe des Weibes, Verschwendung und Unordnung herrschen, und das, was der Mann außer dem Hause im Schweiße seines Angesichts erarbeitet hat, aufzehren, oder fruchtlos machen: dann wird der Fleiß des letztern bald nachlassen, und oft wird ihn der Unmuth darüber zum Trunke und zur Liederlichkeit verleiten. Ferner, ein verträgliches, gutes Weib hält den Mann in den Stunden der Ruhe und der Erhohlung zu Hause; ein zänkisches treibt ihn fort, und macht daß er die Schenke und das Spiel sucht. Endlich, das weibliche Geschlecht ist auch bey diesem Stande, wenn es gut geartet ist, gemeiniglich frömmer, als das unsrige; und in der Ehe mit einer solchen Gattin wird der Bauer zu einem häuslichen Gottesdienste gewöhnt, der, wenn er nicht geradezu ihn bessert, doch, als eine ernsthafte und regelmäßige Beschäftigung, ihm nützlich ist.

So wirkt bey den Bauern die Verbindung der beyden Geschlechter. Weniger durch Zärtlichkeit und Leidenschaft, als durch die Gewohnheit, das Beyspiel, und die Triebfedern des Eigennutzes. Fast eine gleiche Bewandniß hat es mit den übrigen Arten der Liebe, und den Verbindungen, worauf sie sich beziehn, — mit der Zuneigung zwischen Eltern und Kindern, zwischen Geschwistern, zwischen Freunden. Sie ist selten unter Leuten dieses Standes zärtlich, so daß das Gemüth damit immer beschäftigt und davon belebt sey; aber sie ist deswegen nicht weniger reell, insofern sie auf die Erfüllung wesentlicher Pflichten gehet. Sie äussert sich mehr bey ausserordentlichen Gelegenheiten durch Dienstleistungen, als durch eine beständige Gefälligkeit in dem gewöhnlichen Laufe des Lebens; mehr durch Beystand in Krankheiten und bey Unglücksfällen, und durch thätige Hülfe bey der Arbeit, als durch ein angenehmes, gefälliges, liebreiches Betragen, und durch das Verlangen nach dem Umgange der geliebten Person.

Zweite

Zweite Vorlesung.

Dieß ist nun das Bild des Bauern, so wie ich es habe entwerfen können. Vielleicht fehlen noch viele Züge dazu, welche zu bemerken, ein längerer und weniger unterbrochner Umgang mit ihnen nöthig gewesen wäre. — Vielleicht giebt es falsche Züge darinn, die ich aus einzelnen Beobachtungen abstrahirt, und zu schnell auf den ganzen Stand angewendet habe. Immer werden aber doch einige der angeführten Eigenschaften, die auch dem gemeinsten Beobachter nicht entgehn können, als Unterscheidungsmerkmale dieses Standes angesehen werden, — und also Personen, die mit demselben zu thun haben, zu einem Leitfaden dienen können.

Die Personen, welchen es vorzüglich wichtig ist, die Bauern kennen zu lernen, sind der Guts- und der Landes-Herr, — der Adel, als der vornehmste Besitzer von Grund und Boden, und die Regierung. Aber beyde sehen den Bauern nicht ganz unter einerley Gesichtspuncte an. Der Gutsherr sieht in ihm vornehmlich ein

Werk-

Werkzeug, welches er zu Bestellung seiner Wirthschaft brauchen will, — einen Theil seines Eigenthums, dessen Dienste, dessen Abgaben er mit seinem baaren Gelde erkauft, oder von seinen Eltern ererbt hat. Die Regierung sieht in ihm die vornehmste Stütze ihrer Macht; die Pflanzschule der Armee; — und, wenn sie gut denkt, so sieht sie in ihm auch den Menschen, den zu erhalten, zu verbessern, und glücklicher zu machen, ein Theil ihrer Sorge seyn soll.

Diese Gesichtspuncte passen nicht immer zusammen. Die Absichten, welche sich darauf beziehn, können nicht immer zugleich erreicht werden.

Ich will mich zuerst in den Gesichtspunct des Adlichen stellen, der ein Gut mit herrschaftlichen Rechten besitzt. Dieser will seine Bauern gehorsam, dienstwillig, fleißig, und so weit wirthschaftlich und wohlhabend haben, daß sie im Stande sind, sich aufrecht zu erhalten, und ihre Zinsen zu bezahlen. Was sind nun die Mittel dazu?

Die erste, und in der That an sich eine schwere, Kunst ist die, den Bauern zu regieren: d. h. zu machen, daß er ohne Murren und ohne re Widerspenstigkeit gehorcht; daß er seine Dienste leistet, und sie so leistet, wie es der Herr, oder dessen Stellvertreter ihm vorschreibt.

Es ist, dem ersten Anscheine nach, wunderbar, und es würde, wenn es allgemein wahr wäre, der menschlichen Natur nicht sehr zur Ehre gereichen, daß, wenn eine Regierung den Klagen dieser niedrigsten Classe ihrer Unterthanen Gehör giebt, die härtesten Herren am seltensten verklagt werden; hingegen gerechte und selbst wohlthätige mit ihren Bauern in Processe gerathen. Ist es das Verderben der Menschen überhaupt, ist es der niedrige, boshafte Charakter der Bauern insbesondre, welcher macht, daß Güte und Billigkeit ihres Beherrschers sie nicht rührt, und daß sie knechtische Furcht auch von der Behauptung ihrer wahren Gerechtsame abhalten kann?

Diese Erscheinung läßt sich, wie mich dünkt, auf folgende Art erklären:

Erstlich, das was man gute Herren nennt, sind oft nur schwache Herren, oder sie sind gut und schwach zugleich. Einige sind bey ihrer Güte zugleich fahrläßig, und geben lange Zeit auf das Verhalten ihrer Untergebnen gar nicht Acht; bis sie durch merkliche Unordnungen auf-

aufgeweckt werden: da sie dann nicht selten in eine eben so übereilte, aber vorübergehende und nichts fruchtende, Hitze gerathen. Andre sind nachsichtig und eigensinnig zugleich; sie bestehen zuweilen auf Kleinigkeiten, oder sind strenge in Forderungen, bey welchen ihr Recht zweifelhaft ist, oder die, lästig für ihre Unterthanen, ihnen selbst wenig einbringen: dahingegen sie große Fehler ungeahndet lassen, und unstreitige Gerechtsame nicht einfordern. Noch andre sind, so lange sie nicht in Zorn gerathen, furchtsam, und können bey ruhigem Gemüthe sich nicht entschließen, den ersten wahren Ungehorsam nach aller Schärfe zu bestrafen, welches doch nothwendig wäre, damit das Beyspiel andre nicht verführe, und die Gewohnheit nicht einreiße: sie werden aber dann erst fähig Ernst zu zeigen, wenn sie aufgebracht sind; zu welcher Zeit sie aber weder das Vergehen gehörig zu beurtheilen, noch die Strafe dagegen abzumessen vermögen.

Die Kunst zu regieren ist bey aller Art von Herrschaft dieselbe: sie hat gleiche Regeln, bey dem Regenten eines Staats, und bey dem Herrn eines Dorfs. Es zeigt sich nur, worauf es bey ihr ankomme, und wie schwer sie sey,

da

da deutlicher, wo der Oberherr keine überwiegende Macht in Händen hat, seine Untergebnen zu zwingen, und wo zwischen dem Regierer und denen, die regiert werden, ein mehr sichtbarer und unmittelbarer Zusammenhang ist.

Es gab eine Zeit, wo die Europäischen Monarchen, gegen die Großen ihrer Länder, ungefähr in eben dem Verhältnisse standen, in welchem jetzt die Gutsherrn gegen ihre Vasallen stehn: daß sie zwar das Recht hatten zu befehlen, aber nicht die Macht, Gehorsam zu erzwingen; und wo sie also nur durch persönliche Eigenschaften, durch eine gewisse Art des Verfahrens, kurz durch moralische Mittel, den ruhigen Gehorsam sich verschaffen konnten, den ihnen große stehende Armeen noch nicht zuwege brachten.

Zu solchen Zeiten nun, und zu allen, ist die ruhigste Regierung zuförderst diejenige gewesen, wo der Herr selbst regiert hat. So oft Günstlinge und Premier-Minister die ganze Gewalt der Monarchen in Händen hatten; so oft war in ihren Reichen der Gehorsam der Unterthanen weniger willig, und ihr Mißvergnügen lauter; so daß letztres, wenn die Zeitumstände es begünstigten, oft in bürgerliche Unruhen ausbrach.

Von der eingeschränktern Herrschaft der Gutsbesitzer, ist, wenn meine Erfahrungen und Nachrichten mich nicht trügen, dieses eben so wahr. Zwey Drittheile der Processe, die zwischen Bauern und Herrn obschweben, besonders die am meisten stürmischen, die halsstäckigsten Angriffe der erstern gegen die letztern, werden von den Mittelspersonen veranlaßt, welchen die Dominia ihre richterlichen oder Lehnsherrlichen Rechte zu handhaben anvertrauen. Weit seltner wird man rebellische Bauern da finden, wo der Edelmann selbst ihnen seine Befehle austheilt, die Ungehorsamen unter ihnen bestraft, dagegen aber auch selbst ihre Klagen anhört, ihre Gerechtsame untersucht, und mit einem Worte die Regierung über sie, so wie über seine Wirthschaft, in eigner Person führt.

Die Amtleute und die Instttiarien, das sind die zwey Stellvertreter des Herrn: jene in den Sachen, welche die wirthschaftlichen Dienste betreffen; diese in der Ausübung der obrigkeitlichen und richterlichen Rechte.

Jeder von diesen beyden Repräsentanten des Herrn hat die Achtsamkeit und die Oberaufsicht desselben nöthig, wenn die ihm anvertraute Gewalt nicht ihren Endzweck verfehlen, oder zu

Miß=

Mißbräuchen Anlaß geben soll: — und jeder hat sie aus andern Ursachen nöthig.

Erstlich. Bauern, welche der Herrschaft der Amtleute ganz überlassen sind, ohne je das Antlitz ihres Herrn zu sehn, ohne seine unmittelbaren Befehle zu vernehmen, ohne die Wirkungen seiner Fürsorge zu empfinden, werden beynahe unausbleiblich auf die eine oder die andre Art verdorben.

Es giebt fast nur zwey mögliche Fälle. Entweder der Amtmann treibt seine Gewalt zu weit, um sich das Ansehn eines großen Eifers in dem Dienste seines Herrn zu geben, und übt sie mit einer Strenge und einem Uebermuth aus, die seinem eignen Ehrgeize und seiner Herrschsucht schmeichelt: oder er läßt Unordnungen und Nachläßigkeiten, durch Nachsicht, durch Schwäche, durch Parteylichkeit, einreißen.

Diese Art Leute kennen größtentheils keine andre Ausübung der Autorität, als die gewaltthätige und ungestüme. Da sie weder durch ihren Stand, noch durch ihre Einsichten so weit über den Bauer erhaben sind, daß dieser, auch ohne auf den Stock zu sehen, welchen sie führen, Ehrfurcht für sie hätte: so sind sie oft zu Aufrechterhaltung ihres Ansehens genöthigt, ei-

ne

ne Strenge zu gebrauchen, zu der ein mehr geachteter Oberherr nie würde haben seine Zuflucht nehmen dürfen. Der Bauer aber hat diejenige Art von Stolz, den ich zwar nicht für den edelsten halte, der aber vielen und fast den meisten Menschen gemein ist; daß er sich ungerner von dem befehlen und strafen läßt, den er mehr für seines Gleichen hält, als von dem, an welchem er angebohrne Vorzüge über sich erkennt. Daher kömmt es auch, daß adliche Gutsbesitzer mit den Bauern gemeiniglich besser zu rechte kommen, als bürgerliche. Der Bauer kennt den Unterschied der Stände, und die Schätzung, die jeder im Staat hat, vortreflich. Und es sey nun, daß er sich mehr geehrt glaubt, wenn er dem Edelmanne gehorcht; es sey, daß er dessen Recht zu befehlen für natürlicher und gegründeter hält; es sey endlich, daß er diesem mehr Verbindung mit den Großen, mit der Regierung, mit dem Landesherrn zutraut: genug, so viel ist richtig, der Edelmann findet leichtern Gehorsam. — Wie viel unwilliger wird also der Bauer die uneingeschränkte Herrschaft eines Subalternen ertragen, der in Kleidung und Sprache und ganzem Wesen, nicht viel von ihm unterschieden ist.

Dazu

"Dazu kömmt, daß diese Unterregenten, eben weil sie dem Bauer näher sind, auch eher der Versuchung ausgesetzt sind, Günstlinge und eine Gegenpartey unter den Unterthanen zu haben, — einigen Personen und Familien mehr nach zusehen, als sie sollten, weil sie von ihnen Gefälligkeiten erhalten haben, oder mit ihnen in Vertraulichkeit leben; andre, von denen sie beleidigt zu seyn glauben, bey jeder Gelegenheit zu drücken. In jedem gemeinen Wesen, und zu allen Zeiten, hat diese Parteylichkeit, (die immer mehr den Ministern, als dem Herren eigen ist,) diese Begünstigung einiger weniger, mit Beeinträchtigung andrer, größere Unruhen erweckt, — den Geist des Aufruhrs und der Widersetzlichkeit in einem höhern Grade hervorgebracht, als Strenge, die gegen alle gleichmäßig ausgeübt wird. Mehrere bürgerliche Kriege sind aus dieser Quelle geflossen. Man kann mit Gewißheit vieles der Bauern=Unruhen aus einer ähnlichen herleiten. Wenn von allen das Gleiche, sey es auch mit Härte, gefordert wird; so wird keiner in hohem Grade aufgebracht. Aber wer einem andern seine Schuldigkeit erlassen sieht, indeß sie von ihm selbst mit äußerster Strenge gefordert wird; der lernt erstlich kennen, was er

ver=

verweigern könnte. Ueberdieß erregt die Ungleichheit, die man zwischen ihm und seinem Nachbar macht, seinen Neid; und Neid legt den Saamen zu größrer Bitterkeit ins Gemüth, als das Gefühl des Drucks allein würde gethan haben: er haßt seinen Vorgesetzten nach eben dem Maße, als dieser andre mehr zu lieben scheint. Und so entspringt Murren, es entstehen Parteyen, die Mißvergnügten rotten sich zusammen; sie gerathen auf den Gedanken, auch Forderungen zu machen: und die Folge von allem ist, was hier an die Stelle bürgerlicher Kriege tritt, ein Bauernproceß.

Diese Regel, nicht Günstlinge unter den Unterthanen zu haben, kann auch manchem Herren selbst nöthig seyn. Aber sie scheint doch weit weniger von ihnen vergessen werden zu können, als von denjenigen, die in ihrem Lohne stehn, um ihre wirthschaftlichen Angelegenheiten anzuordnen. Dem Herrn kann der Bauer selten, äußer in dem, was seine Dienste angeht, so viel zu Gute oder zu Leide thun, selten sich so angenehm oder so verhaßt machen: daß auf das Betragen des erstern gegen den letztern, andre Bewegungsgründe, als die der Zufriedenheit mit der erfüllten Pflicht, oder des Unwillens über

wirk-

wirkliche Vergehungen Einfluß hätten. Aber, ein Verwalter kann, durch Schmeicheleyen, durch Geschenke, durch ein demüthiges, ehrfurchtsvolleres Wesen der einen, leicht gewonnen, und durch kleine, persönliche Beleidigungen andrer, aufgebracht werden. Er ist weniger über sie erhaben; ihn rührt also stärker, was sie thun, oder wie sie sich gegen ihn betragen: und seine Leidenschaften kommen daher öfter, mit den Endzwecken seiner Regierung, in Collision.

Nicht selten hat es auch Beyspiele von solchen Verwaltern gegeben, welche Herrn und Unterthanen, wo nicht vorsätzlich, doch durch eine natürliche Folge ihres Verfahrens, zusammen gehetzt, und den Haß auf beyden Seiten geflissentlich vermehrt haben. Viele unter diesen subalternen Befehlshabern, glauben dem Obern, der sie bezahlt, ihren Diensteifer nicht besser bezeigen, oder sich besser auf jeden Fall entschuldigen zu können, als wenn sie von den Untergebnen recht viel Böses sagen; wenn sie jeden Fehler derselben mit einer außerordentlichen Genauigkeit anzeigen, oft diese Fehler in der Erzählung vergrößern, sich über dieselben äußerst unwillig bezeigen, und überhaupt den bösen Willen der Leute, denen sie vorgesetzt sind,

als

als ein unüberwindliches Hinderniß aller ihrer guten Anstalten, und die Ursachen von der Fruchtlosigkeit ihres eignen Fleißes vorstellen.

Und eben diese sind oft, um sich auch die Bauern geneigt zu machen, bereit, dem Vorurtheile, welches diese gegen ihren Herrn haben, auf gleiche Weise zu schmeicheln; die Härte seiner Befehle größer vorzustellen als sie ist, und in ihre Klagen einzustimmen.

Allen diesen Uebeln wird vorgebeugt, wenn der Herr sich seinen Unterthanen, in Ausübung seiner Gewalt und in Verwaltung seiner Güter, selbst thätig zeigt, oder wenn er ihnen wenigstens den Zugang zu sich immer offen läßt. Er muß sich nicht für zu gut halten, mit ihnen zu reden, sie anzuhören, seinen Willen ihnen bekannt zu machen, und ihre Gesuche dagegen zu vernehmen: er muß nicht verdrossen seyn, auf die Verwaltung derjenigen Rechte, die seinen Vorzug in der menschlichen Gesellschaft ausmachen, und auf deren Erhaltung er so eifersüchtig ist, auch seinen eignen Fleiß und seine Zeit zu wenden.

Viele glauben nicht, daß der Bauer Scharfsinn genug hat, um diesen Stolz seines Herrn, als die Ursache, warum er sich ihm unsichtbar
macht,

macht, zu entdecken, oder Gefühl der Ehre genug, um davon beleidigt zu werden. Aber er hat beydes: und wehe dem Lande, wehe dem Gutsherrn, wo der Unterthan so tief gesunken, so unterdrückt, so elend, oder so dumm ist, daß ihn Verachtung nicht schmerzt. In dem größten und besten Theile unsers Landes ist, Gottlob, der Fall anders. Und was kann also daraus entstehn, wenn der Gutsherr geflissentlich vermeidet, mit seinen Unterthanen zu reden, wenn er ihnen alle seine Befehle nur durch die dritte Hand machen läßt, und ihre Vorstellungen auch nur auf diesem Wege annimmt? Der Bauer wird durch diese anscheinende Geringschätzung mehr gekränkt, als durch das Unangenehme der Sachen selbst, die man ihm auflegt. Jede verweigerte Bitte, jede lästige Forderung, jede strenge Bestrafung ist ihm doppelt auffallend. Es sammelt sich bey ihm ein Saame von Haß und Bitterkeit, der zu der einen oder der andern Zeit ausbricht, und Streitigkeiten, die sonst leicht beyzulegen gewesen wären, hartnäckig macht. Vielleicht war dieß die Ursache, warum in einigen Gegenden unsers Landes, wo sonst die gesittetsten Bauern wohnen, und wo sie weniger mit Diensten belästiget sind, doch

ganze

ganze Dorfschaften, wegen unbedeutender oder ungegründeter Beschwerden, gegen sonst billige Herren aufsäßig geworden sind.

Doch die Folge ist nicht weniger schlimm, wenn, anstatt des Stolzes, Fahrläßigkeit den Herrn von seinen Unterthanen entfernt, und ihn veranlaßt, die Gewalt seiner Beamten zu vergrößern. — Wenn jener Stolz Haß hervorbringt: so bringt diese Sorglosigkeit, welche nie Rechnung fordert Verachtung hervor.

Ich bin weit entfernt, jeden Streit, der zwischen Herren und Unterthanen vorgeht, den Amtleuten und Verwaltern zuzuschreiben. Es giebt unter ihnen ohne Zweifel, wie unter jeder Classe, rechtschaffene und vernünftige Leute, die ihrem Posten wohl vorstehen. Vielleicht erhalten manche die Einigkeit, die unter des Herrn eigner Regierung wäre unterbrochen worden, weil sie besser den gemeinen Bauer kennen, und ihn zu fassen wissen, wo ihm beyzukommen ist. Aber im Allgemeinen ist es doch gewiß, daß eine übertragne Gewalt, wenn sie einem Menschen ohne Erziehung, ohne moralische Grundsätze, — einem, der keinen großen eignen Vortheil in der Aufrechterhaltung der Ordnung findet, in die Hände gegeben, und nicht durch eine beständige

dige Aufsicht in Schranken gehalten wird, weit leichter ausartet, und mehr Mißbräuchen unterworfen ist, als eben diese Gewalt, wenn sie von demjenigen gehandhabt wird, dem sie eigenthümlich und gleichsam erblich zugehört, und dessen Vortheil an Gehorsam und Liebe seiner Unterthanen geknüpft ist.

Noch weit ungerechter wäre ich, wenn ich die angesehnere und nicht minder zahlreiche Classe der Justitiarien, unter gemeinschaftliche Beschuldigungen, zusammenfassen, und sie anklagen wollte, daß sie die Bedrückung der Bauern vermehrten, und ihre Widersetzlichkeit veranlaßten. Da sie durch die Erziehung mehr gebildet sind; da sie das Studium des Rechts zu ihrer Beschäftigung gemacht haben; da sie endlich mit den Personen, über deren Angelegenheiten sie zu entscheiden haben, in keinem solchen Verhältnisse stehen, welches sie für oder wider eine Partey einnehmen könnte: so ist an sich zu vermuthen, daß sie, in der Verwaltung der ihnen anvertrauten Rechte, gewissenhafter, oder doch regelmäßiger zu Werke gehn. Demohnerachtet, glaube ich, werden die gutdenkenden aus diesem Orden selbst mit mir einstimmen, wenn ich behaupte: daß mancher Proceß zwischen Herrschaften

G 2 und

und Unterthanen hätte verhütet, mancher Uneinigkeit unter ihnen hätte vorgebeugt, manche Ursache des Grolls und der Erbitterung hätte gehoben werden können, wenn die, welche die Rechtsbeystände des Grundherrn waren, weniger willkührlich, oder weniger sorglos, gehandelt hätten.

Ich habe selbst Gelegenheit gehabt zu bemerken, daß Justitiarien, in der Absicht ihren guten Willen dem Edelmanne, von dem sie Höflichkeit und Ehre genoßen, zu bezeugen, ohne dessen Wissen und ohne seine Einwilligung, seine Rechte auszudehnen, zweydeutige oder unausgemachte Sachen zu seinem Vortheile festzusetzen, und den Bauern auf gewisse Weise zu überlisten suchten: — Kunstgriffe, die zu bey einen oder der andern Zeit offenbar werden, und entweder unmittelbar Streit, oder nach und nach Unwillen erregen. Von andern ist mir aus Nachrichten bekannt, daß sie, durch übermäßige Geldstrafen, die begangenen Fehler auf eine Weise ahnden, welche weit schädlicher für den gemeinen Bauer ist, als ihm körperliche Strafen seyn würden. Andre verursachen durch eine zu pünctliche Beobachtung aller Formalitäten der Gesetze bey kleinen Sachen so viel Zeitverlust

lust und Kosten, daß dadurch oft die Parteyen leiden, einige vielleicht ganz zu Grunde gerichtet werden. Noch andre laſſen durch Saumſeligkeit und beſtändiges Aufſchieben ihrer Arbeiten, das Credit-Weſen und die Mündelſachen der Dorfſchaften, die ſie in ihrer Juſtitz-Pflege haben, in Unordnung gerathen, und machen dadurch, auf der einen Seite, ſchlechte Wirthe und böſe Schuldner, indeß ſie, auf der andern, zu gerechten Klagen Anlaß geben.

Die Bauern ſind, im Ganzen genommen, doch immer als Arme zu betrachten. Ihnen thut nichts weher, als was ihren Beutel angreift. Wenn der Despotismus des Amtmanns ihnen das Leben täglich ſauer macht: ſo macht hingegen der Despotismus des Juſtitiarius, wenn er nicht ein rechtſchaffener und zugleich menſchenfreundlicher und erfahrner Mann iſt, ihnen das Leben ſchwer, das Auskommen kümmerlich, und ihre Exiſtenz verhaßt. Wehe dem Dorfe, wo Amtmann und Juſtitiarius geſellſchaftlich und unumſchränkt herrſchen.*) Ungezähmte

---

*) Es iſt daher eine, für den Landmann ſehr drückende, Art die landesherrlichen Domänen zu verwalten, wenn die Einkünfte, die aus der Wirthſchaft und den Dienſten der Unterthanen herkommen, mit der Juſtitzpflege zugleich, an dieſelbe Perſon verpachtet werden. Dieſe Einrichtung war

zähmte Freyheit wird da mit Unterdrückung und Ungerechtigkeit abwechseln: und die Folge davon wird Verderbniß des moralischen Charakters, Unzufriedenheit, Elend und Bosheit der Bauern werden.

Das Auge des Herrn, heißt es, macht das Pferd fett. Das Auge des Herrn, kann man sagen, macht den Bauer wohlhabend, gehorsam und gesittet.

Man findet ganz unstreitig einen großen Unterschied, in Absicht auf Ordnung, Ruhe und selbst Sittlichkeit, zwischen einer Dorfgemeinde, wo ein zugleich thätiger, einsichtsvoller und rechtschaffener Herr in ihrer Mitte wohnt, der sie selbst regiert und sie zu ihren Schuldigkeiten anhält, und zwischen einer, die lange sich selbst, oder Miethlingen und Verwaltern, überlassen gewesen ist. Auch in dieser Betrachtung ist es nützlich, was die Regierungskunst schon aus andern Ursachen anräth, daß der Edelmann nicht den Wohnsitz auf seinen Gütern verlasse, um auf immer in der Hauptstadt zu leben. Auch in dieser Betrachtung ist ein Land glücklicher, wo
die

---

war ehedem auf allen Aemtern in Chursachsen eingeführt, und ist jetzt noch, soviel ich weiß, in einigen nicht aufgehoben. Es ist aber auch bekannt, unter welchem Drucke die Bauern in diesen Gegenden oft geseufzet haben.

die Landgüter unter einem zahlreichen und doch wohlhabenden Adel vertheilt sind, als wo weitläuftige Bezirke einem einzigen Großen zugehören. Weder der Anbau des Bodens, noch die Fürsorge für die Bildung der Menschen kann in den letztern genau und vollkommen seyn.

Aber wenn nun sich der Erb= und Grund=Herr entschließt, die Vorrechte, welche ihm die Gesetze über die Einwohner seiner Ländereyen gegeben haben, selbst zu verwalten: was muß er thun, wie muß er sich betragen, um sich die Ruhe zu sichern, und seinen Unterthanen einen willigen Gehorsam einzuflößen?

Erstlich, so wie der Bauer noch jezt ist, oder, — wir wollen unparteyisch seyn, — so wie der große Haufe der Menschen überhaupt ist, so ist bloße Güte, selbst wenn sie nicht in Schwäche und Parteylichkeit ausartet, bey dem, der ihn regieren soll, nicht hinlänglich, um sich Gehorsam zu verschaffen. Liebe und Dankbarkeit sind zu sanfte Bande, als daß sie allein rohe Menschen bey ihrer Schuldigkeit festhalten könnten.

Am meisten irren diejenigen, welche glauben, ihre Unterthanen durch Geschenke und Geldbewilligungen zu gewinnen. Es ist mir ein bürger-

G 4 licher

licher Gutsbesitzer bekannt, der, weil er reich war und sehr menschenfreundlich dachte, die Verwaltung eines neuen Gutes, welches er erkauft hatte, damit anfieng, daß er allen Insassen die Schulden, welche auf ihren Stellen hafteten, bezahlte, und einem jeden Wirth einen Thaler auf die Hand schenkte. Die Wohlthat war für den Geber ansehnlich, und für viele der Empfänger wichtig. Nichts desto weniger verweigerten diese Bauern in kurzem diesem ihrem freygebigen Herrn die Dienste, welche sie allen seinen Vorgängern geleistet hatten.

Hier ist am vollkommensten wahr, was Cicero in den Büchern von den Pflichten sagt: Geschenke finden keinen Boden. Sie werden vergessen, so wie sie verthan sind; Das hingegen wird der schlecht Denkende zu neuen Forderungen gereizt, weil er glaubt, daß dem Höhern viel an ihm gelegen sey, — vielleicht gar, daß er sich vor ihm fürchte, wenigstens daß er sehr reich sey und zu geben Lust habe.

Zuerst also ist nothwendig, daß die Dienste, welche der Unterthan zu thun schuldig ist, welche er selbst für seine Schuldigkeit erkennt, von ihm gefordert werden; und daß er durch eine beständige Aufsicht angehalten werde, das, was

er

er zu diesem Ende thun soll, zu rechter Zeit, mit Fleiß, und gut zu machen. Ein neuer Schriftsteller *) sagt von den Türken: „ihre „militärische Disciplin ist immer strenge, nie ge„nau: und eben deßwegen sind ihre Soldaten „bey dem kleinsten Anlasse Rebellen." Dieselbe Ursache bringt allenthalben denselben Erfolg zu wege. — Körperliche Strafen, Scheltworte, und alles, was der Zorn und der Verdruß einem Herrn oder seinem Amtmanne eingeben mag, um sich an dem Dienstvolke, das ihre Befehle nicht vollzogen hat, zu rächen, wird doch die Befolgung derselben in der Zukunft nicht sicher stellen, wenn nicht eine deutliche Anweisung der Art, wie jede Sache gemacht werden soll, voran geht, und eine wachsame und immer fortgesetzte Aufsicht die Ausführung begleitet. Folgendes ist der Gang der Sachen bey vielen Herren und vielen Verwaltern, wodurch ihre Dienstleute verdorben, aufgebracht, und doch beym Ungehorsam erhalten werden. Sie befehlen auf eine unbestimmte, undeutliche Art, oft weil sie die Sache nicht recht verstehn, oder weil sie darüber bey sich selbst noch nicht fest

ents

---

*) Der Baron von Thott in seinen Memoires sur les Turcs et les Tartares.

entschlossen sind,*) vielleicht auch, weil sie nicht gelernt haben sich nach der Fassung der gemeinen Leute auszudrücken. Dann überlassen sie die, welchen sie den Auftrag gegeben haben, lange Zeit sich selbst, vergessen sie und die Arbeit, die sie thun sollten. Nach Verlauf derselben kömmt ihnen der Gegenstand, woran gearbeitet worden ist, von ohngefähr ins Gesicht; sie werden Nachläßigkeit, Versäumniß und Unordnung gewahr: ihr Blut erhitzt sich. Nun untersuchen sie nicht die Umstände der Sache, sie fragen nicht nach den Ursachen, warum der Befehl ist unterlassen, oder schlecht ausgeführt worden; sie unterscheiden nicht Muthwillen und Bosheit von Unvermögen und Unverstande: sie überlassen sich nur dem Verdrusse, den der schlechte Erfolg ihrer Entwürfe bey ihnen erregt, und diesen Verdruß lassen sie oft an dem Unschuldigen, wie am Schuldigen, aus. Auf diese Zeit des Tobens und Scheltens folgt wieder

eine

---

*) Unentschlossene Leute lassen gerne Zweydeutigkeiten in ihren Befehlen, — wenn auch nicht mit Bewußtseyn, in der Absicht um sich eine Ausflucht zu verschaffen, doch heimlich, mit dem Wunsche, daß der, welchem sie befehlen, den rechten Punct für sie treffen möge. Andre sind undeutlich, weil ihnen die Sachen zu bekannt und zu geläufig sind, und weil sie voraussetzen, der welchem sie sie auftragen, habe die Gegenstände, wovon sie reden, eben so gegenwärtig, als sie selbst.

eine andre von gänzlicher Sorglosigkeit. Und so wird der Bauer auf der einen Seite aufgebracht und erbittert, durch die harte Behandlung, auf der andern immer wieder verführt, nachläßig und ungehorsam zu seyn, durch den Mangel der Aufsicht.

Es giebt strenge Herrn, gegen welche doch ihre Unterthanen nicht die mindeste Widersetzlichkeit beweisen, bloß weil bey ihnen diese Strenge mit jener Genauigkeit verbunden ist, und weil der Bauer immer in der Arbeit und bey der Aufmerksamkeit auf das, was er zu thun hat, erhalten, nicht Zeit hat, an etwas zu denken, das seinem Herrn zuwider wäre.

Es giebt andre, die ohne alle Strenge, bloß durch eine nie nachlassende Aufmerksamkeit auf alle Schritte und Arbeiten des Bauern, bloß dadurch, daß sie deutliche Beweise geben, wie sehr sie alles, was unrecht geschieht, bemerken, und wie genau sie von jedem Ungehorsam unterrichtet sind, schon hinlänglich den Unterthan schrecken, und ihn in Ordnung und Regelmäßigkeit erhalten.

Aber man wird vielleicht wenige Fälle finden, wo nicht die Härte in der Behandlung, verbunden mit Unachtsamkeit und Fahrläßigkeit in der Auffsicht, den Geist des Ungehorsams und der Empörung hervorgebracht hätte.

Ein andrer sehr wichtiger Umstand ist, daß, so wie der Herr nicht unterlassen muß zu fordern, was seine Unterthanen ihm schuldig sind, und über der Leistung desselben zu halten, damit die Unterthanen nicht ihn für unwissend, für einfältig oder für schwach ansehn, er hingegen auch nie auf etwas, als Herr, bestehe, wozu er nicht das Recht sogleich vor Gerichte beweisen kann; daß er ferner die Strenge nur da ausübe, wo der Gestrafte selbst sich bewußt seyn muß, Unrecht gethan zu haben, und wo alle Zuschauer dem Ausspruche des Richters in ihrem Herzen beypflichten. Es ist in der That unglaublich, wie stark in jedem Menschen, auch in dem rohesten, die Empfindung von dem sey, was Recht und Unrecht ist; und welchen ganz andern Eindruck eine Strafe auf denjenigen mache, welcher glaubt sie verdient zu haben, als auf den, welcher sich unschuldig fühlt. Schon bey Kindern kann man dieß wahrnehmen. Auch bey ihnen kann keine Strafe ein gutes Hülfsmittel der Erziehung seyn, als nur die, bey welcher sie selbst erkennen, daß sie billig und ihrem Vergehen angemessen ist. Der Bauer ist in gewisser

Maßen

Maßen immer Kind. Ihn regieren heißt ihn erziehn. Beydes muß nach gleichen Regeln geschehn.

Ich würde also weit eher billigen, wenn ein Gutsherr einen groben, vorsätzlichen Fehler, der nicht geleugnet und nicht gerechtfertigt werden kann, an seinen Unterthanen hart bestrafte, und so, daß der Schuldige den Schmerz fühlt, als daß er beständig unwillig, mürrisch und drohend gegen sie wäre, und sie auch bey kleinen, oft nicht gehörig untersuchten, Vergehungen, zwar mit unbedeutenden, aber desto häufigern Züchtigungen belegte. Nichts ist unerlaubter, nichts thörichter, man mag die Absicht haben, den Bauer zum Fleiße oder zum Gehorsam anzuhalten, als wenn man die Peitsche des Treibers immer über ihm aufgehoben halten läßt. Diese Schläge mögen dem Bauer nicht sehr wehe thun; ich gebe es zu: aber eben deswegen sind sie unnütz. Sie erbittern ihn indeß; oder wenn sie dieses nicht thun, so erniedrigen sie ihn, sie machen ihn knechtisch, niederträchtig, zu allen guten und edeln Gesinnungen, also auch zu einem freywilligen Gehorsam, unfähig. Man begegne ihm als Menschen, so wird er als Mensch handeln: zwar nicht vollkommen gut, —

denn

denn so handelt ja sein Herr auch nicht; nicht immer dankbar, — denn wahre Dankbarkeit ist eine noch seltnere Tugend, als Wohlthätigkeit: aber doch gewiß besser, als wenn zu seinen natürlichen schlimmen Anlagen, oder zu seinem Eigennutze, noch der Zorn, die Rachsucht, oder eine völlige Fühllosigkeit hinzukömmt. Man mache also den gewöhnlichen Zustand des Dienstvolks erträglich, und spare die Geißel und das Gefängniß auf diejenigen Fälle, die wirklich zum Beyspiele dienen können, und bey welchen jeder die überlegte Handlung einer strengen Gerechtigkeit, nicht übereilte Ausbrüche von übler Laune und Unwillen entdeckt.

Ein anderes Mittel, wie der Gutsherr seine obrigkeitliche Gewalt seinen Unterthanen erträglich und dem bessern Theile derselben angenehm machen kann, ist, wenn er sie nicht bloß anwendet, die Dienste, welche man ihm schuldig ist, pünctlich einzutreiben, sondern auch dazu, Ordnung, Sittlichkeit, und die Beobachtung der höhern Gesetze der Vernunft und der Religion unter seinen Vasallen aufrecht zu erhalten. Wenn der Herr diejenigen Unordnungen bestraft, die seinen Dienst betreffen, so scheint er bloß aus Eigennutz zu handeln: er ist Partey

und

und Richter zugleich. Der beste Erfolg, den man von Strafen dieser Art erwarten kann, ist, wenn sie Furcht ohne Haß erregen. Bessern, dem Unterthan die wirklichen Gesinnungen der Treue, des Fleißes und des Gehorsams einflößen: das werden sie niemals. Aber wenn der Herr diejenigen Ausschweifungen bemerkt, ans Licht zieht und ahndet, welche der Sittlichkeit, der Tugend, den Landesgesetzen, nicht seinen Vortheilen zuwider sind: dann handelt er wirklich als Richter und Obrigkeit, und dann wird seine Strenge von einem großen Theile seiner Unterthanen gebilligt und selbst gepriesen werden.

Kein Gutsherr denke auch, daß es ihm in Absicht seines Privat-Vortheils gleichgültig sey, ob Zucht, Ehrbarkeit und Gerechtigkeit unter seinen Bauern, in ihrem Betragen gegen einander, herrsche oder nicht. Alle Unordnungen bieten sich die Hand, alle Laster stehen in Verbindung. Ein Mensch, der sich über die Pflichten wegsetzt, welche ihm die Religion, die Menschen- und Selbst-Liebe befiehlt, oder die ihm sein Gewissen vorschreibt, der wird bald auch diejenigen übertreten, welche ihm die Landes-Gesetze auflegen. Wer seinen Leidenschaften in dem Betragen gegen seines Gleichen

sich

sich überläßt, der wird bald auch ungehorsam und widersetzlich gegen seinen Herrn, der wird bald unfleißig, oder untreu in seinem Dienste werden. Man wird gewiß oft finden, daß die Gemeinden, wo die Sittenlosigkeit am meisten eingerissen ist, auch die aufsätzigsten und zu Unruhen am geneigtesten sind.

Also beydes erhält der Grundherr, welcher Wachsamkeit auf das moralische Verhalten seiner Unterthanen wendet: er gewinnt die Hochachtung der Bessern, welche dadurch Beweise von seiner eignen Liebe zur Tugend und zur Ordnung bekommen; und die Schlechten hält er von derjenigen Zügellosigkeit ab, die zuletzt auch in die Vernachlässigung ihrer Unterthanspflichten übergeht.

Zu diesem Ende ist das ihm aufgetragne Policey-Amt sehr nützlich. Er kann, nach dem jetzigen Verhältnisse, in welchem er mit seinen Vasallen steht, der Censor ihrer Sitten seyn, und ein gewisses obrigkeitliches Ansehn auch in Beziehung auf solche ihrer Handlungen ausüben, die in den übrigen Ständen keiner richterlichen Aufsicht und Beurtheilung unterworfen sind. Er kann den Trunk, er kann grobe Unzucht, er kann Betrug oder Schlägereyen bestrafen. Er darf sich um das Innere der Familien, um die Wirthschaft und die

Einig-

Einigkeit der Eheleute; um das Betragen der Eltern und Kinder, der Verwandten und Nachbarn gegen einander, bekümmern, und wo er auch nicht, als Obrigkeit zu strafen, das Recht hat, doch als Herr ernstliche Vorstellungen thun, und diese Vorstellungen durch Vortheile, welche er den Guten zugesteht, und durch Beraubungen, welche er die Hartnäckigen fühlen läßt, unterstützen. Dieses Censor-Amt verlangt aber, eben weil seine Gränzen nicht genau zu bestimmen sind, Klugheit und Menschenliebe bey dem, welcher dadurch Gutes stiften soll. Es enthält immer etwas von willkührlicher Gewalt, und nur der Zwek, zu welchem es angewandt wird, kann es in den Augen des Philosophen, des Freundes der Freyheit, rechtfertigen, und denen, die ihm unterworfen sind, angenehm machen.

Doch bloße Strenge, von welcher Art sie auch sey, und zu welchem Ende sie auch ausgeübt werde, — und die daraus entspringende Furcht ist allein nicht hinlänglich, irgend eine Herrschaft zu befestigen: Es muß Liebe hinzukommen: und Liebe kann nur durch erwiesene Wohlthaten erregt werden.

Diese Wohlthaten, habe ich schon gesagt, können nicht in Geschenken und Geldbewilligungen zungen bestehn. Dazu würde der Beutel, auch des reichsten Gutsbesitzers, nicht zureichen. Ueberdieß sind sie doch, weil sie einen vorüberge henden Vortheil bringen, unfähig, eine immerwährende Dankbarkeit zu erregen. Das vornehmste Mittel, welches der Gutsherr in Händen hat, die Liebe seiner Unterthanen zu gewinnen, ist, daß er durch seine eigne gute Wirthschaft, durch kluge, wohl ausgedachte Einrichtungen und Anordnungen, die er in Absicht seiner, mit dem Vortheile der Unterthanen streitenden, Rechte, oder seines, mit dem ihrigen verbundnen, Eigenthums macht, und endlich durch eine gewisse väterliche Aufsicht, die er auf die Wirthschaft und den Nahrungsstand seiner Unterthanen wendet, ihren bleibenden Wohlstand verbessere, oder ihnen mehr Mittel in die Hände gebe, sich ihn selbst zu verschaffen.

Diejenigen Herren, welche auf ihren Dörfern nichts als Hofgärtner haben, sind schon dadurch allein, daß sie selbst den Anbau ihrer Ländereyen mit Einsicht, Fleiß und Glücke betreiben, im Stande, sich gehorsame und willige Unterthanen zu verschaffen. Die Einrichtung, die in meinem Vaterlande und in sehr vielen Provinzen Deutschlands, von uralten Zeiten her besteht,

daß

daß der Lohn dieser Dienstleute ihnen, in einem gewissen verhältnißmäßigen Antheile an der Erndte und der Hebe ihrer Herren, bezahlt wird, hat, ohne Zweifel, die Vortheile des Herrn und seiner Lohnleute mit einander verknüpfen sollen, — und erreicht auch diesen Endzweck wirklich. Wenn der Bauer von seinem Herrn die Meinung hegt, daß er bey ihm reichlicher Brod habe, als andre bey ihren Herren: so erträgt er manche, sonst ihn drückende, Beschwerden geduldig; und selbst eine harte Begegnung thut ihm nicht so wehe. Ueberdieß, da immer, auf Hochachtung, auch Neigung zum Gehorsam gegründet ist; da, aus der Meinung von dem vorzüglichen Verstande des andern, Hochachtung für ihn entsteht; da endlich der Bauer keine Geschicklichkeit so gut kennt, keine so schätzt, als die, welche sich auf die Landwirthschaft bezieht: so ist gewiß, daß derjenige Herr, welcher den Ertrag seiner Güter, durch kluge Entwürfe und Sorgfalt in der Ausführung, zu vermehren weiß, auf doppelte Weise den Bauern fesselt und sich unterwürfig macht, einmahl, insofern dieser an seinem Wohlstande Theil nimmt, und mit ihm sich zugleich bereichert; und dann, insofern derselbe eine hohe Meinung

von

von der Einsicht und den Fähigkeiten seines Herrn bekömmt, — daher er auch in andern Sachen ihm Ueberlegenheit über sich zutraut, und also weniger gegen ihn wagt.

Auf Bauern, die von ihren eignen Feldern erndten, hat zwar der Gutsherr, durch seine Wirthschaft, keinen so unmittelbaren Einfluß. Und der Umstand, daß dieses Mittel, ihre Zuneigung und Zufriedenheit zu gewinnen, ihm fehlt, macht allerdings den Gehorsam derselben ungewisser und schwankender.

Indessen, glaube ich, hat ein verständiger Gutsbesitzer doch noch hundert Wege, den Fleiß und den Wohlstand auch derjenigen seiner Unterthanen zu vermehren, welche ganz von dem Ertrage ihres eignen Bodens, und von der eignen Bearbeitung desselben leben. Erstlich, schon sein Beispiel kann viel thun; nur dadurch, daß sie es immer vor sich sehn, auch ohne daß sie angehalten werden, es nachzuahmen. Sobald die Bauern gewahr werden, daß die Wirthschaft ihres Herrn wohl von statten geht, und daß ihm die Veränderungen, welche er macht, Nutzen bringen: so hat er etwas mehr Gewalt über ihre Gemüther gewonnen; so ist ihnen ein Sporn gegeben, um sie zum Fleiße und zu eigner

ner Betriebsamkeit anzureitzen. Ein guter Wirth macht viele: das liegt in der Natur der Sache. Selbst die Nachbarn eines solchen Edelmanns, der seine Felder mit vorzüglicher Sorgfalt anbaut, besonders wenn sich mehrmahls seine Erndten eben so sehr ausgezeichnet haben, lernen von ihm, und werden zur Nacheiferung erweckt. So sieht man oft, in einer ganzen Gegend, den Einfluß Eines thätigen und wohl unterrichteten Landwirths. Wie vielmehr werden die Unterthanen dieses Herrn, welche, indem sie ihm fröhnen, doch zugleich von ihm unterrichtet werden, welche überdieß unter seiner Leitung stehen, an den Früchten seines Fleißes und seiner Einsichten, durch die Nachahmung Theil nehmen?

Denn nun giebt, zweytens, noch das Band der Unterthänigkeit, so wie es bisher in unsern Gegenden besteht, denjenigen Herrn, welche sich wirklich als Väter ihrer Unterthanen ansehn, mannichfaltige Gelegenheit, unmittelbar auf die Wirthschaft derselben Einfluß zu haben, sie zu Ordnung und Fleiße anzuhalten, und ihren Wohlstand zu erhöhen.

Der Herr kann und darf seinen Bauer zur Rechenschaft fordern, wenn er seine Gebäude und Zäune eingehen läßt, und darf ihn auch mit Gewalt zwingen beyde anzurichten. Er kann, wenn er Ansehn und Vertrauen zugleich bey seinen Unterthanen hat, noch einen Schritt weiter gehen, und auch den liederlichen Wirth, der seinen Acker schlecht anbauet, oder sein Vieh Noth leiden läßt, auf seine Pflicht zurückführen. Wenigstens kann er, indem er den verständigen und fleißigen Wirth vorzieht, und ihm manche kleine Vortheile zugestehr, dem Faulen und Unbedachtsamen sein Mißfallen empfinden läßt, die Triebfedern des Eigennutzes und des Ehrgeizes zu ihrem Besten bey ihnen in Bewegung setzen.

Es sind mir Herren bekannt, die diese Aufsicht über die Wirthschaft ihrer Unterthanen mit einer Strenge geführt haben, wozu sie vielleicht kein vollkommenes Recht hatten. Aber anstatt, daß dieses ihnen den Haß der Bauern sollte zugezogen haben, ist den letztern vielmehr dadurch selbst diejenige Härte erträglich geworden, womit die herrschaftlichen Dienste zu gleicher Zeit von ihnen gefordert wurden. Es ist wirklich kaum zu glauben, wie viel Zwang und Despotismus sich der Bauer gefallen läßt, wenn er nur sieht, daß der, welcher ihm befiehlt,

und

und seine Befehle, selbst mit aufgehobnem Stocke, durchsetzt, erstlich die Sache versteht, und dann daß er sein (des Bauern) Bestes sucht. — Oft ist eine verdorbne und lüderlich gewordne Gemeinde nicht anders, als durch einen strengen Herren und gewaltsame Mittel, zurecht zu bringen. Der, in Trägheit und Fühllosigkeit versunkne, Mensch muß selbst zu dem, was sein eignes Bestes befördert, gezwungen werden. Ob nun gleich jeder Zwang an sich Unwillen erregt: so wird man doch finden, daß gegen einen Herrn, der diesen Zwang sogar auf die eignen Geschäfte des Bauern erstreckt, dadurch aber, und durch seine übrige Verwaltung, wirklich erhält, daß seine Leute ihr Auskommen haben, oder ihre Umstände verbessern, — man wird finden, sage ich, daß, gegen einen solchen Herrn, der Klagen von Seiten der Unterthanen viel weniger seyn werden, als gegen einen andern, der minder gebietherisch und strenge ist, hingegen sich um ihr Wohl und Wehe gar nicht, und nur um seine eignen Einkünfte bekümmert.

Da der Bauer sogar Härte und eine rauhe Behandlung verträgt, wenn solche angewandt wird, nicht bloß seine Dienste von ihm zu erpressen, sondern auch ihn zu dem ihm selbst nütz-

H 4   lichen

lichen Arbeiten anzuhalten; da er dem Herrn, welcher ihn mit Gewalt zum guten Wirthe macht, doch zugethan seyn kann: wie viel mehr wird derjenige Herr seine Zuneigung gewinnen, der, durch allgemeine Einrichtungen und Anordnungen, der Wirthschaft des Bauern zu Hülfe zu kommen und seinen Wohlstand zu vermehren sucht, ohne ihm durch neuen Zwang beschwerlich zu fallen.

Die Arten, wie dieses geschehn kann, sind so mannichfaltig, sie hängen so sehr von den Umständen jedes Orts, seiner Lage, seinem Boden, seinen Gewohnheiten ab, daß es mir unmöglich ist, sie alle zu kennen, und ermüdend seyn würde sie herzurechnen.

An dem einen Orte ist vielleicht eine andre Eintheilung der Aecker, als die bisherige, den Bauern vortheilhaft, ohne der Herrschaft schädlich zu seyn. Ein Stück ihrer Hutung bringt vielleicht kein Gras, und würde Getreide bringen; ein Theil der Felder des Herrn würde reichliches Futter fürs Vieh tragen, und giebt jetzt mageres Korn: durch einen Tausch wird beyden geholfen. Vielleicht hat der Herr gegend ein seinen Unterthanen sehr lästiges Recht, das ihm doch wenig einbringt: er tritt ihnen dieses

dieses, für eine gegenseitige Bewilligung, die ihrer Wirthschaft weniger hindert, ab. Die Zeit, wenn er sein Vieh auf ihre Aecker und Wiesen treiben darf, ist vielleicht gerade die unschicklichste für sie, ohne ihm ausserordentlich bequem zu seyn: er wählt eine andre. Er sorgt in den Zeiten, wo es ihnen an Arbeit und Verdienst fehlt, dafür, ihnen auf seinem Gebiethe beydes durch Ausführung solcher Entwürfe zu verschaffen, die zugleich seiner eignen Wirthschaft nützlich sind. Vielleicht ist der Lohn der Arbeit, nach den Gewohnheiten des Orts zu ungleich unter die Dienstleute vertheilt: ein Herr, welcher dieß auszugleichen versteht, schafft der einen Hälfte seiner Unterthanen einen beträchtlichen Nutzen, ohne die andre zu beeinträchtigen.*) Und wer kann alle die mannichfaltigen

*) An einem Orte, den ich kenne, war vor Zeiten nur ein Theil der Hofgärtner im Besitz des Garbenschnitts. Dafür mußten sie die übrigen während der Erndte verlohnen und beköstigen. Die, welche Getreide bekamen, verlohren durch den Aufwand und die Zeitversäumniß so viel, als sie durch jenes ausschließende Recht gewannen; und die welche für Geld und Kost in der Erndte arbeiteten, hatten im Winter kein Brod. Der Herr war so glücklich beyde zu überzeugen, daß diese Einrichtung ihnen nachtheilig wäre. Der Antheil an der Erndte wurde, mit Bewilligung der ersten, unter alle gleich vertheilt. Beyde befanden sich wohl dabey und dankten es endlich ihrem Herrn. Ein andrer Edelmann, ein Besitzer beträchtlicher Güter, hat eine Casse errichtet, aus wel-

Methoden nahmhaft machen, durch welche ein einsichtsvoller Herr seinen Bauern zu Hülfe kommen kann? Ich weiß zwar sehr wohl, daß diese sich oft selbst den Neuerungen widersetzen, welche von ihrem Herrn, in der redlichsten Absicht und wirklich zu ihrem Besten, vorgeschlagen werden. Aber ich weiß auch, daß das Mißtrauen, welches den Grund dieser Weigerungen ausmacht, nicht unüberwindlich ist, und einer gleichförmigen, standhaften Ausübung von Wohlwollen und Gerechtigkeit, von Seiten des Herrn, weicht.

Allenthalben aber, wo auch solche besondre Verbesserungen sich nicht anbringen lassen, ist es doch dem Herrn möglich, eine Sorgfalt für die Erhaltung und das Fortkommen seiner Unterthanen zu zeigen, indem er ihr Schulden- und Hypotheken-Wesen wohl in Ordnung hält; indem er auf Genauigkeit in Abtragung der Zinsen, oder Bezahlung des Kapitals in den anberaumten Terminen bringt, wodurch das Anhäufen der Schuld, die gewöhnlichste Ursache des Untergangs für den Schuldner, verhütet wird;

indem

welcher jeder Eigenthümer einer Stelle, so viel als die Hälfte des Kaufpreises derselben beträgt, geborgt bekommen, und in welche er hinwiederum jede gesammelte kleine Geld-Summe zur Verzinsung, anlegen kann.

indem er endlich das Vermögen der Unmündigen sicher zu stellen sucht. Dieser Theil der obrigkeitlichen Gewalt ist, in den Händen eines wohldenkenden und menschenfreundlichen Herrn, ein Mittel, sich seine Unterthanen auf mannichfaltige Weise zu verbinden. Die Besorgungen, welche dazu nöthig sind, können ihm ohne Zweifel oft sehr lästig werden, bald durch die Unwissenheit und die Vorurtheile, bald auch durch die schlechte Erziehung, die langweiligen Reden und die unanständigen Sitten derer, mit welchen er dabey zu thun hat. Aber sie werden dem Menschenfreunde dadurch versüßet, daß er sich in den Augenblicken, worinn er damit beschäftigt ist, wirklich, als einen Vater und einen Vormund seiner Unterthanen, ansehen kann.

So viel ist aus unzählichen Erfahrungen gewiß: der Herr, welcher seine Bauern zu Grunde richtet, macht sie auch zugleich boshaft, diebisch, rebellisch. Der, welcher gar nicht nach ihnen fragt, sondern sie thun, und ihre Angelegenheiten gehen läßt, was und wie sie wollen, der hat fahrläßige, lüderliche, zügellose Unterthanen. Der, unter dessen Regierung sie empor kommen, sich nähren und wohlhabend werden, wird, wenn nicht außerordentliche Ursachen

den

den natürlichen Lauf der Dinge stören, auf Ruhe und Gehorsam rechnen können.

Der Bauer ist ein Mensch, und wird durch menschliche Bewegungsgründe getrieben. Wer ihn liebt, den liebt er wieder. Nur er glaubt so schwer, daß ihn jemand liebe, und am wenigsten, daß diese Neigung ihm Gutes zu thun bey seinem Herrn vorhanden sey. Und, darf ich es sagen, diese Neigung ist auch wirklich nicht allenthalben vorhanden.

Viele, auch sonst vortrefliche, Männer aus dem Adel, sehen doch den Bauer nur lediglich als ein Werkzeug an, welches sie wünschen mit Leichtigkeit handhaben zu können; dessen eigne Empfindungen sie aber in keine Betrachtung ziehn. Gerade den besten Wirthen geschieht dieses am öftersten. Sie sind, sagte einmahl ein verständiger Mann zu mir, so sehr mit den Sachen beschäftigt, daß sie an die Personen gar nicht denken.

Andre haben von dem ganzen Stande eine so durchaus schlechte Meinung, oder sie sehen ihn für so verächtlich an, daß sie sich, weder in ihren Gedanken noch in der Wirklichkeit, anders mit ihm abgeben, als so lange er wie das Zugvieh an den Pflug gespannt ist.

Doch

Doch auch diese Meinung ist durch die Erleuchtung unsrer Zeiten, und durch die bessere Erziehung vieler unsrer Adlichen gemildert worden. Und gewiß wird, ohne daß der Staat durch plötzliche Reformen, die das Eigenthum angreifen könnten, ins Mittel tritt, schon dadurch das Schicksal des Bauern gebessert, indem die Einsicht seiner Herren vermehrt und ihr Charakter veredelt wird.

Schon viele unsrer Gutsbesitzer denken und handeln nach den Grundsätzen, die ich vorgetragen habe, und wenden vielleicht noch weit mehrere und bessere Mittel zu dem Zwecke, den ich wünsche, an, als die ich habe entdecken können. Wenn sie nicht allemahl ihre Absicht erreichen; wenn sie für Wohlthaten zuweilen Undank und Widersetzlichkeit einernd́ten, wenn ihre Unterthanen von dem allgemeinen Schwindelgeiste, der, wie ich gesagt habe, zu gewissen Zeiten diesen Stand überfällt, auch ergriffen werden: — alles, warum ich diese Männer alsdann bitten möchte, wäre, nur nicht müde zu werden, sondern in denselben Maßregeln, die ihnen bisher nicht gelungen sind, wenn sie doch nach Gründen der Vernunft die rechten sind, fortzufahren. Unruhen, die aus Zeit-Umständen entstehn, gehn

vor-

vorüber: der Gehorsam und die Treue, welche auf Gerechtigkeit und Güte des Oberherrn gegründet sind, kehren zurück, und sind dann von desto längerer Dauer.

Den Einfluß, den ein Gutsherr auf seine Unterthanen, durch weise Anwendung seiner obrigkeitlichen Macht, — indem er zu rechter Zeit straft und belohnt; — der, welchen er, durch Fürsorge für ihr wirthschaftliches Beste, haben kann, ist ohne Zweifel der größte, oder doch der allgemeinste: aber er ist nicht der einzige. Er kann auch durch sein Beyspiel, er kann durch veranstalteten Unterricht beytragen, sie gesitteter und zu Beobachtung ihrer Pflichten bereitwilliger zu machen. Des erstern Mittels habe ich schon oben gedacht. Es sey mir aber erlaubt, es hier noch mehr im Allgemeinen, und vollständiger zu betrachten.

Das Beyspiel welches der Herr geben kann, ist von doppelter Art: er giebt es entweder, durch die Verwaltung seines Gutes und die Ausübung seiner herrschaftlichen Rechte selbst, durch die Klugheit und die Ordnung, mit welchen er seine Angelegenheiten bestellt, durch die Gerechtigkeit, die Standhaftigkeit und die Güte, mit welchen er seine Unterthanen behandelt; oder

er

er giebt es, durch seinen Charakter, durch seine Aufführung überhaupt.

Jenes Beyspiel wirkt auf eine mehr positive, dieses fast auf eine bloße negative Art; jenes kann bessern, dieses kann Verschlimmerung verhüten.

Ich will mich deutlicher erklären. Der Bauer ist ein so nachahmendes Geschöpf, wie der Mensch überhaupt. Er nimmt unwillkührlich Gewohnheiten an, wenn er immer gleichförmige Handlungen andrer vor sich sieht: und er macht auch freywillig nach, was seine Obern, oder Personen, die er hochschätzt, thun, und wovon er den guten Erfolg gewahr wird.

Aber um ein Beyspiel nachzuahmen, muß man es oft vor Augen sehen, und man muß aufmerksam darauf gemacht werden. Deßwegen nimmt der Hofmann nichts so leicht an, als die äußern Sitten, den Geschmack, die Liebhabereyen, die Zeitvertreibe seines Fürsten. Die Gerechtigkeit, oder Ungerechtigkeit des letztern, in den Angelegenheiten der Politik, hat nicht gleichen Einfluß auf den erstern, ihn in seinen Privat-Geschäften billig oder unbillig zu machen. Der Unterthan überhaupt wird nicht das gesellschaftliche Leben des Monarchen, nicht die

Politik

Politik desselben zu seinem Muster nehmen; aber die Maximen welche er in der innern Regierung beobachtet sieht, werden nach und nach die seinigen werden.

Auf gleiche Weise, da der Bauer mit seinem Herrn nicht umgeht, aber unter ihm und mit ihm arbeitet, wofern letzterer seine Güter selbst verwaltet; da er dessen Betragen, im häuslichen Leben und in den allgemeinen Verhältnissen des Menschen, zu bemerken wenige Gelegenheit hat, hingegen seine Anstalten, seine Grundsäze, seinen Fleiß, seine Aufmerksamkeit, oder den Mangel von allem diesem in der Bewirthschaftung seiner Güter, durch die Wirkungen, vor Augen sieht; so ist es natürlich, daß sein Nachahmungstrieb von jenen Eigenschaften wenig, von diesen sehr in Bewegung gesezt wird.

Wenn daher auf dem herrschaftlichen Hofe eine genaue Ordnung herrscht, und alle Geschäfte nach einem regelmäßigen Plane, jedes zu rechter Zeit, abgethan werden; wenn Gebäude und Aecker in dem besten Stande sind, und mit nie ermüdender Sorgfalt darinnen erhalten werden; wenn alle, welche dem Hofe dienen, oder für denselben arbeiten, das Ihrige

ohne

ohne Abkürzung bekommen, aber auch dazu angehalten werden, das Ihrige zu thun; wenn der Bauer allenthalben, wo er in die Scheuern, Ställe, Gebäude und Ländereyen seines Herrn hinsieht, Reinlichkeit, Fleiß, Aufsicht von Seiten der Obern, Sorgfalt und Genauigkeit der Dienstbothen, gewahr wird: so ist es fast unmöglich, daß sich nicht dieser Geist der guten Wirthschaft, des Fleißes und der Ordnung, auch auf das übrige Dorf, ausbreite. Und wie laut und deutlich bestätigt dieses die Erfahrung auch dem flüchtigsten Beobachter! Wo ist ein zu Grunde gerichteter, vernachläßigter Herrnhof, um welchen nicht eben so zerfallene, durchlöcherte Bauerhütten herum stünden? Wenn man hingegen, auf dem Wohnsitze des Edelmanns, gut unterhaltne Gebäude, das Ackergeräthe in Ordnung, reinliche und arbeitsame Knechte und Mägde erblickt: ist man da nicht beynahe sicher, auch die Häuser der Bauern besser gedeckt, und ihre Höfe in größrer Ordnung zu finden?

Es giebt Ausnahmen von dieser Regel: besonders da, wo der Vortheil der Bauern von dem Vortheile der Herrschaft mehr, wie gewöhnlich, getrennt ist. Es können vielleicht die Bauern sich, auf Unkosten eines fahrläßigen Herrn,

J bereitbereichert haben, und, so wie dieser in seinen Glücksumständen zurückgegangen ist, zu mehr Kräften gekommen seyn, die ihrigen zu bessern; oder es kann eine fremde Ursache die Bauern zu einer Art von Erwerb gebracht haben, an welchem der Herr keinen Theil hat nehmen können. Auf der andern Seite kann ein habsüchtiger Herr, eben durch die Bedrückung der Bauern, sich bereichert haben, und daher unter baufälligen Hütten prächtig wohnen, unter hungrigen Unterthanen schwelgen. — Auch kann jene Wirkung des Beyspiels sich nicht in wenig Jahren zeigen, und sie wird gestört, wenn die Herrschaft sich oft verändert. — Aber dieß hebt die Wahrheit der Regel nicht auf: „die Herrschaft „eines Orts ist gewöhnlicher Weise das Bey„spiel für die Unterthanen in ihren wirthschaft„lichen Verrichtungen; und sie kann diese fleißi„ger, ordentlicher und also besser machen, wenn „sie selbst diese Tugenden in der Besorgung ih„rer Wirthschaft ausübt."

Was nun aber die übrigen Stücke des Charakters betrift, wobey es entweder auf Beherrschung der Leidenschaften, oder auf gesellige Neigungen ankömmt: so kann das Beyspiel eines Gutsherrn mehr negativ wirken, die Ver-

schlim-

schlimmerung zu verhindern, als positiv, die Verbesserung zu befördern; er kann verführen, er kann schaden, wenn er schlecht handelt, aber er kann durch seine pflichtmäßige Aufführung nicht unmittelbar nutzen.

Diejenigen Eigenschaften, welche einen Mann von Stande unter seines Gleichen am meisten beliebt, oder schätzbar machen, bleiben dem, welcher tief unter ihm ist, verborgen, oder werden von ihm mit weniger Aufmerksamkeit angesehen. Wenn der Herr ein zärtlicher Ehemann und Vater, ein treuer Freund, ein nachgebender, dienstfertiger Gesellschafter ist: so erfährt der Bauer dieses höchstens durch den allgemeinen Ruf; er selbst hat nicht Gelegenheit es zu bemerken, und noch weniger Anlaß, davon gerührt zu werden. Er achtet vielleicht, wenn er schon gut denkt, deßwegen seinen Herrn etwas höher; aber er wird dadurch nicht gereizt, eben so zu handeln. Mit den gegenseitigen, schlimmen Eigenschaften ist es ganz anders beschaffen. Wenn viele der Tugenden des Herrn in den Wänden seines Hauses verschlossen bleiben, so werden hingegen seine Ausschweifungen, seine Laster auch außerhalb desselben sichtbar: und geschieht dieß, so verderben sie auch die Untergebnen

nen, entweder insofern sie dieselben anstecken, oder insofern sie ihren Gehorsam vermindern.

Besonders sind es zwey Fehler, welche am leichtesten den Weg, aus dem Hause des Edelmanns, in die Hütte des Bauern finden; wenn jener dem Trunke, und wenn er den Ausschweifungen der Wollust ergeben ist.

Erstlich, die Vergehungen dieser Art machen Aufsehn, und können nicht verborgen bleiben. Sie werden ferner, von dem, welcher die Leidenschaft dazu einmahl hat, oft wiederhohlt: und das Beyspiel wirkt also in der Länge der Zeit stärker. Drittens trift die Versuchung gerade dahin, wo die schwache Seite des gemeinen Mannes ist.

Diejenigen, welche von den Ausschweifungen des Herrn nicht angesteckt werden, lernen ihn verachten. Und was kann eine Obrigkeit Gutes ausrichten, die ihr Ansehn verlohren hat?

Noch größern Schaden thut es dem Herrn, sowohl in Absicht der Ehrerbiethung, die er seinen Unterthanen, um ruhig zu regieren, einflößen muß, als in Absicht der Sittlichkeit, die er bey ihnen befördern soll, wenn ihn die Sinnlichkeit soweit verleitet, selbst ihr Verführer zu werden. Er erniedrigt sich alsdann bis zu den

Ver-

Verächtlichsten unter ihnen; er wird also selbst verächtlich. Zeigt er sich noch überdieß, für die, welche seinen Lüsten fröhnen, und für ihre Anverwandten, parteyisch: so wird er den übrigen verhaßt.

Auch den Schein davon muß ein Herr, der von seinen Unterthanen geachtet seyn will, vermeiden; und er wird dieß thun, wenn er sich hütet, dem schönern Theile seiner weiblichen Unterthanen den geringsten Vorzug, in Sachen des Rechts und der Pflicht, einzuräumen. Der Bauer, der die Schwäche seines Herrn kennt, oder sie erforschen will, ist listig genug, sein hübsches Weib oder seine blühende Tochter an seiner Statt zum Herrn zu schicken, wenn er etwas von ihm erhalten will, wobey er sich seines Rechts nicht bewußt ist, oder doch Schwierigkeiten von Seiten des Herrn erwartet. Alle Bitten, die durch solche Abgesandten geschehen, müssen ohne Barmherzigkeit abgeschlagen werden: und damit der Herr beweise, wie wenig ihm Versuchungen dieser Art gefährlich sind, muß er zuweilen den Häßlichen bewilligen, was er den Schönen abgeschlagen hat.

Der Unterricht und die moralische Erziehung des Bauern, (das zweyte der oben angeführten

Besserungsmittel für denselben,) ob sie gleich vom Gutsherrn unterstützt werden können, sind doch vornehmlich das Werk der Regierung: und ich werde also, in dem dritten Theile dieser Abhandlung, noch eine bequemere Gelegenheit finden, davon zu reden.

Den gegenwärtigen Theil will ich nur noch, mit einigen allgemeinen Anmerkungen über das Verhältniß der Bauern zu ihren Gutsherrn, und mit einigen Ideen über die Pflichten und Rechte der letztern, beschließen.

In Absicht des erstern giebt es zwey Parteyen, die sehr weit von einander abgehen, und wovon jede, wie mich dünkt, durch Uebertreibung die Wahrheit verfehlt.

Diejenigen, welche sich ein gewisses Ideal von Freyheit und Gleichheit unter den Menschen gemacht haben, wornach sie die Einrichtungen der Staaten beurtheilen, finden den Zustand unsrer Landleute äußerst traurig, und also die über sie ausgeübte Herrschaft tyrannisch. Wenn sie hören, daß der Bauer nicht von dem Orte seines Aufenthalts wegziehn, — daß er nicht heyrathen darf, ohne die Erlaubniß seines Gutsherrn erhalten zu haben; daß er diesem, bey jeder anzutretenden Erbschaft, bey jeder Ver-

äußerung

äußerung seines Eigenthums, einen beträchtlichen Theil desselben, so gering es sey, abgeben muß; daß er ihm, wenn auch der Herr in seine Freyheit eingewilligt hat, ihm dieselbe doch noch bezahlen, und wenn er einiges Vermögen hat, Abzugs-Geld geben muß; wenn sie den geringen Geldlohn erfahren, für den er einen großen Theil seiner Dienste thut, und der an vielen Orten nur den fünften Theil des landüblichen Tagelohns beträgt; wenn sie hören, für welchen kleinen Lohn und welche elende Kost, er seine Kinder auf dem Hofe muß dienen lassen; wenn sie endlich sehen, daß er Schläge und andre Leibesstrafen bey jedem Versehen zu erwarten hat: so scheint ihnen dieser Zustand nichts besser, als eine wahre Sclaverey, und die Menschen, die sich in demselben befinden, scheinen ihrer natürlichen Rechte beraubt zu seyn.

Die, welche die jetzt bestehende Verfassung vertheidigen, führen dagegen an, daß die so sehr verschiedne Unterthänigkeit der Bauern, nichts anders als ein Vertrag sey, den sie, oder ihre Vorfahren, mit dem Eigenthümer von Grund und Boden, geschlossen haben. Dieser gab ihnen ein Stück von seinem Acker, baute vielleicht eine Hütte dazu, und überließ ihnen die Nutzung davon, unter Bedingungen, die sehr mannichfaltig abwechselten, zu denen aber gewisse Hand- und Spann-Dienste, die Unterwerfung unter den Gerichtszwang, und die oben genannten Abgaben fast allenthalben gehören. Diese Bedingungen wurden damahls mit Bewilligung beyder Theile festgesetzt, es geschah also niemanden dabey Unrecht: und sie müssen auch jetzt noch billig seyn, denn es finden sich noch immer, zu den Bauer- und Gärtner-Stellen, wenn sie zu verlassen sind, Käufer, ob sie gleich alle mit deren Besitze verbundne Lasten kennen. Die Preise dieser Stellen sind, im Verhältniß des Ackers und der Gebäude, die mit denselben erkauft werden, sehr geringe. Die Dienste, welche darauf haften, bezahlen also einen Theil von dem Werthe des Gutes. Eben so sind die herrschaftlichen Abgaben, bey dem Preise unterthäniger Güter, mit in Anschlag gebracht: und sie belasten also denjenigen nicht, welcher sie käuflich an sich bringt. Endlich, sagen diese Personen, macht der Antheil, den die Hofegärtner in unserm Lande, für die Erndte-Arbeit an den Garben, und für das Dreschen an der Hebe, bekommen, wenn er mit dem Geldlohne zusammengeschlagen und unter die Arbeitstage gleich

ver-

vertheilt wird, einen sehr hohen Tagelohn aus. Wozu kömmt, daß die übrige, so schlecht bezahlte, Arbeit auch sehr schlecht und saumselig gethan wird: dergestalt, daß ein Gutsherr durch freye Tagelöhner, wenn solche nur zu haben wären, für den landsüblichen Lohn, sein Gut eben so wohlfeil würde bearbeiten können.

Es ist in dieser zweyten Vorstellung der Sache viel Wahres. Es ist auch so viel gewiß, daß, wenn die Lasten des Landmanns in der Maße drückend wären, als sie beym ersten Anblicke gutherzigen Menschen, und die dabey kein Interesse haben, zu seyn scheinen, die Güter selbst längst zu Grunde gegangen seyn müßten, weil die, welche sie anbauen sollten, nicht hätten leben können. Es müßte dann keine wohlhabende Bauern geben, deren wir doch in unserm Lande, und in denen, wo ähnliche Dominial-Rechte eingeführt sind, in Menge finden.

Demohnerachtet folgt daraus nicht, daß jene Einrichtung, die so mannichfaltige Verschiedenheiten und Bestimmungen leidet, nicht an vielen Orten, noch jetzt, solche Bestimmungen haben sollte, wodurch sie wirklich drückend für den Bauer, und die Ursache seiner Armuth, so wie seines niedergeschlagnen, trägen Geistes wird.

Einige

Einige der, von der letztern Partey angeführten, Gründe beweisen offenbar zu viel, und sind eben deßwegen nicht befriedigend. Sie würden eben so gut dienen können, die Sclaverey, oder jeden andern Grad der Dienstbarkeit des gemeinen Landmanns, wenn er einmahl in einem Staate eingeführt wäre, zu rechtfertigen. Auch die Sclaverey kann ursprünglich aus einem Vertrage hergeleitet werden: und es ist historisch gewiß, daß sie oft durch denselben entstand, als noch die Gesetze solche Verträge mit ihrem Ansehn unterstützten. Viele traten für ihre eigne Person freywillig in dieselbe; noch mehrere verkauften dazu ihre Kinder: beydes, weil die Menschen es immer noch für besser hielten, Sclaven zu seyn, als Hungers zu sterben. Es ist wahr, es finden sich in allen unsern Dörfern zu leeren Stellen immer Käufer; es bauen sich auch neue Einwohner auf ähnliche Bedingungen an. Eben dasselbe würde auch geschehn, wenn gleich die wahre Leibeigenschaft in unserm Lande eingeführt wäre. Wenn in einem Staate, für einen ganzen Stand, gewisse allgemeine Anordnungen gemacht sind; so ist es nothwendig, daß jeder einzelne Mensch sich denselben unterwerfe, oder aus dem Stande heraustrete.

Letzte=

Letzteres ist größtentheils unmöglich. Es bleibt also dem Menschen, der nur als Bauersmann leben kann, gesetzt er wäre persönlich frey, nichts übrig, als zwischen den mehr, oder minder lästigen Bedingungen der verschiedenen Oerter in diesem Lande zu wählen.

Die Frage ist also nicht bloß: ist die Unterthänigkeit durch Gewalt und Zwang, oder ist sie durch Vertrag entstanden: sondern, ist sie billig, und ist sie dem Staate vortheilhaft, oder nicht? Steht Arbeit und Lohn in einem schicklichen Verhältnisse bey dem dienstpflichtigen Bauer? Steht der Lohn und die ihm übriggelassene Zeit in einem schicklichen Verhältnisse mit dem, was er zu seinem Unterhalte braucht, und mit dem, was er zu Verbesserung seiner Umstände billiger Weise begehren kann? Wird die Arbeit, welche er für seinen Herrn thut, ihm nach ihrem wahren Werthe, — d. h. nach dem Preise, welchen ähnliche freye Arbeiten in demselben Lande und zu derselben Zeit bekommen, bezahlt; oder kommt wenigstens ihre Bezahlung diesem Werthe nahe? Ist endlich dieses ganze Verhältniß, zwischen Unterthanen und Herrschaften, dasjenige, wobey beyde Theile am besten bestehen können, jeder nach seiner Art am glücklichsten ist?   Man

Man sieht, daß die Frage, so bestimmt, wohl noch wenigstens eine Untersuchung verdient. Man sieht aber auch, daß sie sich, in Absicht der allgemeinen Gesetze der Unterthänigkeit, welche in unserm ganzen Lande gelten, nicht wohl beantworten läßt, weil dieselben noch viele Verschiedenheiten zulassen, wodurch die Folgen ganz verändert werden.

Bey Beurtheilung einzelner Fälle ist die Schwierigkeit nicht geringer. Was ist billig? was muß dieser Bauer haben um zu leben, wie viel muß man ihm an Mitteln und Kräften lassen, um seinen Fleiß zu Verbesserung seiner Umstände anzuspornen? Das alles ist äußerst unbestimmt. Verständige Personen behaupten, Untersuchungen dieser Art, die zuweilen bey Bauern-Processen von Gerichtshöfen angestellt worden sind, wären schlechterdings unmöglich, und die Fragen unbeantwortlich. Eben deßwegen müsse sich, bey Entscheidung dieser Streitigkeiten, der Richter nie auf eine solche Berechnung einlassen, die ihm eine willkührliche Gewalt gebe, sondern sich bloß an den Buchstaben des Gesetzes oder an das Herkommen halten. Arbeiten, die immer geschehen sind, müssen geschehen können; ein Lohn, bey dem

bisher

bisher der Arbeiter gelebt hat, müsse hinläng lich seyn ihn zu erhalten. Man müsse also entweder neuerlich vorgefallene große Veränderungen, in dem Zustande der Dinge, oder dieses Ortes, zeigen können: oder man müsse schlechterdings dasjenige bestätigen, was, durch alte Verträge, oder die Rechtskraft der Verjährung, bestimmt worden sey.

Dagegen würde ich nur drey Vorstellungen zu thun wagen. Erstlich, daß allmählige Veränderungen die Dinge doch eben so wohl in einen neuen Zustand versetzen können, als plötzliche, und daß, wenn durch diese eine alte Einrichtung unbillig werden kann, auch bey jener diese Wirkung nicht unmöglich ist. Zweytens, daß, wenn gar keine Berechnung statt findet, nach welcher man den Ertrag der Stelle, den Lohn der darauf haftenden Dienste, und die dem Besitzer derselben zu andern Arbeiten übrigbleibende Zeit, mit den unumgänglichen Bedürfnissen einer Bauerfamilie vergleicht, auch die Errichtung eines solchen Vertrages eben so wenig, nach Grundsätzen der Billigkeit, angeordnet, als die Beschaffenheit eines alten nach denselben geprüft werden kann. Drittens. Die Nebenarbeiten des Bauers, die er in den von Hofediensten sedlensten freyen Stunden macht, zu berechnen, oder alle mögliche Nutzungen, die er von seinem Eigenthume ziehn kann, anzugeben, ist freylich unmöglich; aber das scheint möglich, den Lohn der Arbeitstage mit dem, was er in diesen Arbeitstagen, wo ein andrer Erwerb wegfällt, zum Unterhalte braucht, zu vergleichen; das scheint möglich, den Ertrag seiner Stelle nach dem gewöhnlichsten Anbaue der Gegend, worin sie liegt, zu bestimmen. Was eine besondre und künstliche Industrie ihm einbringt, kann nicht in Betrachtung gezogen werden, weil es hier bloß auf solche Erwerbs-Mittel ankömmt, die in jedermanns Händen sind, und die von seiner Lage, von dem Besitze seiner Stelle abhängen, und in derselben allemahl möglich sind.

Unterdessen sehe ich sehr wohl die Schwierigkeit einer solchen Berechnung ein. Und mit derselben hängt eine andre noch allgemeinere zusammen, die jeden Schritt zur Verbesserung, in diesem Theile der Landes-Verfassung, so schwer macht. Der Richter nähmlich, welcher allein Gelegenheit hat, einzelne Fälle kennen zu lernen, soll doch eigentlich nicht untersuchen, was gut, sondern was recht ist. Nur alsdann tritt der Fall, wo er jenes beurtheilen muß, ein, wenn sich dieses gar

nicht

nicht ausfündig machen läßt; oder wenn das, was nach positiven Gesetzen recht ist, platterdings unmöglich wird: und diese Unmöglichkeit scheint in dem jetzigen Augenblicke nirgends vorhanden zu seyn, so lange die Menschen, deren Klagen er zu untersuchen hat, wirklich noch leben. Der Landesherr hingegen kann und darf Entscheidungen geben, die bloß auf Verbesserung des Zustandes seiner Unterthanen abzielen. Aber diese Entscheidungen sind immer allgemein. In einer Sache, wie das Verhältniß der Unterthanen zu ihren Gutsherrn ist, das von Dorfe zu Dorfe abwechselt, sind allgemeine Aenderungen gewiß nicht allgemein schicklich, noch billig.

Dasjenige, was der Richter nicht thun darf, als im äußersten Nothfalle; dasjenige, was der Landesherr nicht thun kann, ohne sich einen gewissen Eingriff in das Eigenthums-Recht der Privatpersonen zu erlauben, und ohne an einzelnen Orten viel Uebel zu stiften, indem er das allgemeine Gute befördern will, das kann nur von den Gutsherrn selbst erwartet werden. Dieser kennt die örtlichen Umstände seiner Unterthanen, wenn er ein aufmerksamer Herr gewesen ist, am genauesten; er weiß, oder

er

er kann wissen, welche seiner Rechte und ihrer Pflichten ihnen am lästigsten werden; er kann beurtheilen, welche derselben er entbehren kann, ohne seinem Wohlstande zu schaden. Von seiner Wohlthätigkeit, von richtigen Begriffen, die er sich von der Natur seiner Vorrechte und des Bauern Schicksalen macht, hängt diese Verbesserung der Staaten, wo sie nöthig ist, ab; durch seine freywilligen Aufopferungen kann sie am leichtesten zu Stande gebracht werden. An ihn also wende ich mich noch mit folgenden Betrachtungen, welche das Verhältniß, wovon wir reden, betreffen.

Diejenigen Beschwerden des Bauern, welche oben als Folgen der Unterthänigkeit angeführt wurden, sind zum Theile nur zufällige Mängel derselben, mehr abhängig von der Gemüthsart der Personen, als von dem Wesen der Sache; zum Theil die Wirkung der besondern Bestimmungen, durch welche die allgemeine Landes-Einrichtung, an dem einen oder dem andern Orte, eingeschränkt wird. Das aber, was in der Natur des Verhältnisses selbst, welches zwischen Gutsherrn und sogenannten Unterthanen durchgängig obwaltet, nach meinem Urtheile lästiges liegt, ist, daß sich drey Beziehungen in demselben vereinigen,

gen, die billig getrennt seyn sollten, und die, so wie sie ganz verschiedne Gesinnungen einflößen, ganz verschiedene Leidenschaften veranlassen, auch oft einen Streit der Pflichten unter sich, oder der Pflicht mit dem Eigennutze hervorbringen.

Auf der einen Seite ist der Bauer nichts anders, als ein Tagelöhner; und der Herr ist derjenige, welcher ihm Arbeit giebt. Der einzige Unterschied, zwischen dem Dienstbauer und dem Tagelöhner, ist der: daß letzterer seinen Vertrag jedesmahl von neuem schließt, so oft er eine neue Arbeit unternimmt; jener hingegen den seinigen schon von seinen entferntesten Vorfahren, oder von uralten Besitzern seines Hofes gemacht findet; und also, mit dem Ankauf oder der Ererbung desselben, ohne weiter um seine Einwilligung befragt zu werden, sich zu aller der einmahl festgesetzten Arbeit, für den von Alters bestimmten Lohn, verstehen muß. Allerdings kann ein solcher erblicher Arbeits-Contract, der auf Jahrhunderte hinaus gemacht wird, nicht zu allen Zeiten in eben dem Grade billig seyn, als es diejenigen Verträge sind, die ein Mann für sich selbst, nach Betrachtung der gegenwärtigen Umstände, und nur auf kurze Zeit

K schließt,

schließt, um sie dann immer wieder zu erneuern. Zwar, da jedem Ankäufer eines dienstbaren Eigenthums diese alten Verträge vorgelegt werden: so scheint es, als wenn, indem er kauft, er zugleich in dieselben von neuem frey einwilligte, und also in eben das Verhältniß träte, in welchem jeder andre Tagelöhner mit dem steht, welcher ihm zu arbeiten giebt. — Allein die oben von mir gemachte Bemerkung findet hier ihre Anwendung. Wenn von einer fortdauernden, durch Gesetze geschützten, in einem ganzen Lande eingeführten Einrichtung die Rede ist: so kömmt der freye Wille dessen, der sich die Vorschriften derselben gefallen läßt, weil er sonst in seinem Stande weder Aufenthalt noch Mittel sich zu ernähren fände, wenig in Betrachtung. Eben daß der Bauer, in allen Dörfern, wohin er sich immer, um sich anzukaufen oder zu wohnen, wenden mag, diese einmahl für allemahl feststehende Dienst-Contracte vorfindet: dieß legt ihm einen Zwang auf, um dessentwillen seine Zustimmung, die er stillschweigend giebt, wenn er irgendwo wirklich kauft oder an einen Ort zieht, als weniger freywillig angesehn werden kann. Zwar wird auch der freye Tagelöhner, so wie jeder Arbeiter, jeder Geschäftsmann,

durch

durch die Umstände der Zeit, den Preis der Dinge, die Nachfrage nach seiner Arbeit, die Anzahl seiner Mitbewerber, kurz durch die Concurrenz, auf einen gewissen Lohn eingeschränkt, den er nicht erhöhen kann, und zu einer gewissen Arbeit verpflichtet, die er dafür vollenden muß. Aber außerdem daß der Zwang, welchen dem Menschen die Umstände der Zeit und die Natur der Dinge auflegen, weniger von ihm gefühlt wird, als der, welcher von dem Willen der Menschen herkömmt: so ist auch dieses Gesetz der Concurrenz im Ganzen immer das billigste, weil es durch das Bedürfniß aller Theil habenden bestimmt wird, und sich daher, nach der Regel, jedesmahl abändert, wenn Ursachen vorhanden sind, die ein neues Verhältniß zwischen Arbeit und Lohn fordern.

Die andre Beziehung, in welcher der Gutsherr gegen seine Unterthanen steht, ist die einer Obrigkeit und eines Richters. Er ist die erste Instanz, sowohl in Entscheidung der Streitigkeiten, die sie unter einander führen, zu Aufrechterhaltung und Ausgleichung ihrer bürgerlichen Rechte, als auch in Handhabung der Landes-Gesetze, in Untersuchung und Bestrafung der Verbrechen.

Eine dritte Beziehung ist die, insofern er Herr von Grund und Boden ist, und die Unterthanen als seine Lehnsleute angesehen werden, d. h. als solche, die das Stück Landes, welches sie bewohnen und bewirthschaften, von ihm erhalten haben. Nach dieser hat er theils beständige Abgaben von ihnen zu fordern, dergleichen der Grund-Zins ist; theils solche, die an gewisse bürgerliche Verhandlungen derselben, welche er bestätigen muß, gebunden sind. Nach dieser kann er von dem, auf seinem Gebiethe erworbenen, Vermögen, einen Abzug begehren, und kann den, welcher sich aus demselben wegbegiebt, und ihm die Nutzung, die er von ihm hätte erwarten können, entzieht, zu einer Schadloshaltung verpflichten. Mit einem Worte, in dieser Beziehung ist der Gutsherr, Einnehmer und Empfänger gewisser Abgaben; und der Bauer ist Contribuent. Als Tagelöhner empfängt er vom Herrn, als Vasall giebt er ihm.

Es ist klar, daß der Gutsbesitzer, als Eigenthümer des Guts und als lohnender Dienstherr, eine Absicht hat, die sich mit den Pflichten der Obrigkeit nicht immer vollkommen verträgt. Als Eigenthümer, will er sein Capital nutzen, und den Ertrag seines Gutes vermehren. Das
zu

zu ist nöthig, daß er die möglich größte Arbeit für den geringsten Lohn machen lasse: und diese Absicht treibt ihn also an, jede Einschränkung der Vortheile seiner Tagelöhner, zu welcher alte Verträge ihm ein Recht geben, auf das äußerste zu behaupten, jede, die er auf die eine oder die andre Weise hinzufügen kann, einzuführen. Als Obrigkeit, als Richter, als Stellvertreter des Landesherrn, ist er verbunden, auch für das Wohlseyn der Personen, die seiner Aufsicht übergeben sind, zu sorgen, sie, so weit es in seinem Vermögen steht, glücklicher und wohlhabender zu machen.

Als Dienstherr, hat er gewisse Arbeiten, nach einem bestimmten Maßstabe, von seinen Frohnleuten zu fordern. Als Obrigkeit, ist er es, welcher ihre Nachläßigkeiten in der Arbeit und die Versäumniß ihrer Schuldigkeiten bestraft. Er ist also, bey allen den Vergehungen, die seinen Dienst betreffen, Richter und Partey zugleich.

Da er außerdem noch Policey-Obrigkeit in der ersten Instanz ist, und da dieser Theil der Regierung, seiner Natur nach, etwas willkührliches hat: so bleibt ihm auch insofern ein gutes Maß unbestimmter Gewalt übrig, durch welche er Fehler, die zunächst nur seine Vortheile angreifen,

greifen, als Uebertretungen öffentlicher Ordnung, strenger ahnden kann, als die ganz unparteyische Gerechtigkeit erlauben würde. Es ist also der Fall ungefähr derselbe, als wenn der Kaufmann die erste richterliche Instanz seiner Fabricanten wäre. Dieser Fall ist wirklich vorhanden. Die Ostindischen Handlungs-Gesellschaften haben in den Ländern, wo sie herrschen, diese doppelte Gewalt. Sie haben eine noch größere: sie sind Landesherrn, sie sind oberste Richter. Es ist aber aus Nachrichten hinlänglich bekannt, wie drückend ihre Regierung für die ihnen unterworfnen Länder ist.

Ein andrer Umstand, welcher, in der allgemein obwaltenden Verfassung des Bauern- und Adel-Standes, sowohl unnatürlich als lästig scheint, ist, daß alle diese Rechte, über Personen, durch Kauf und durch solche bürgerliche Contracte, als eigentlich nur, über Dinge, geschlossen werden können, von einem Eigenthümer zu dem andern übergehn. Das bloße Geld, mit welchem jemand ein Gut bezahlt, macht ihn zugleich zur Obrigkeit und zum Richter der Einwohner desselben!

Daß dieses ein wirkliches Uebel sey, wird sehr deutlich dann wahrgenommen, wenn in
ge-

gewissen Zeitpuncten häufigere Veränderungen mit den Eigenthümern der Landgüter vorgehn: denn alsdann wird die Zucht und der Gehorsam der Bauern dadurch merklich gestört. Unruhen und Widerspenstigkeiten sind Folgen des mit Gütern getriebnen Handels.

Und dieß ganz natürlicher Weise. Wenn ein Dorf lange in den Händen derselben Familie bleibt: so entsteht, von Seiten der Unterthanen, nach und nach die Gewohnheit, Personen, die diesen Nahmen führen, zu gehorchen. Es kann auch selbst eine gewisse Ergebenheit gegen dieselben, eine Art von Zuneigung, oder Hochachtung statt finden. Die Herrschaft, von ihrer Seite, erlangt hinwiederum eine größere Kenntniß ihrer Unterthanen; sie weiß Strafen und Belohnungen mit mehr Gerechtigkeit auszutheilen; sie hat in der Länge der Zeit mehr Gelegenheit gehabt, sich die ganze Gemeinde, oder einige wenigstens aus derselben, verbindlich zu machen. Es fällt dem Bauern, so wie den meisten Menschen, weniger schwer, denjenigen als seinen Oberherrn anzusehn, dessen Vorfahren schon seine Aeltern und Großältern unterthänig gewesen sind. Was immer auf gleiche Weise geschieht, wird an und für sich in den

Augen

Augen der Menschen ein Recht; und Personen und Familien, die wir, als Kinder, schon mit Ehrfurcht haben ansehen lernen, können wir, als Männer, den Gehorsam nicht anders, als nach einem langen Kampfe mit uns selbst, versagen. Ein wahrer Erbherr hat, nebst der Gewalt, die ihm der Staat giebt, auch die Macht der Gewohnheit und der Meinung, um seine Herrschaft zu unterstützen. Hingegen, — wie ist es möglich, daß in dem Herzen der Bauern, gegen einen Menschen, den sie in ihrem Leben nie gesehen, von dem sie nie etwas Gutes empfangen haben, der bisher gar keine Rechte über sie besaß, der keinen andern Anspruch auf ihren Gehorsam anzuführen hat, als daß er sein baares Geld für die Ankaufung des Grundstücks, worauf sie wohnen, bezahlt hat, — wie ist es möglich, daß Liebe, Zutrauen, Ehrerbietung, Willigkeit des Gehorsams in dem Augenblicke gegen ihn entstehe, da ihm der Fundus übergeben wird? Alle dauerhafte Herrschaft, die nicht bloße Gewalt ist, muß doch, zum Theile wenigstens, auf die Gesinnungen und Meinungen der Untergebnen gegründet seyn. Diese, mit dem Erdenklos, an dem sie kleben, erkaufte, Unterthanen können, wenn die Sachen

am

am besten stehn, noch gar keine Meinung von ihrem künftigen Regenten haben: ihre Gesinnung ist höchstens die der völligen Gleichgültigkeit.

Alsdann also wirkt, zwischen dem Gutsherrn und den Bauern, die Beziehung der Personen gar nichts, sondern es wirkt bloß die der Sachen, des Standes, der Rechte, der Geschäfte. Und da, in diesen letztern Absichten, der Vortheil des Bauern dem Vortheile seines Herrn vielfältig entgegen steht: so ist es schwer, daß sich nicht Abneigung und Widersetzlichkeit, gegen eine solche, von aller persönlichen Verbindlichkeit entblößte, Herrschaft, einfinde.

Um dieser Ursache willen ist das häufige Kaufen und Verkaufen der Landgüter, welches schon diese schädliche Folge hat, daß es den Handlungsgeist und seine schlimmen Folgen unter dem Adel ausbreitet — (dem Stande, der von demselben am meisten befreyt bleiben sollte,) — auch insofern der Ruhe und dem Wohl eines Landes nachtheilig, als es diejenige dauerhafte Verbindung, zwischen den Unterthanen und ihrer nächsten Obrigkeit, hindert, ohne welche diese weder das nöthige Ansehn hat, um jene im Zaume zu halten, noch die Mittel in die Hände bekömmt, ihnen Gutes zu erweisen.

Diese Betrachtungen reichen nicht zu, die Verfassung, über deren Natur und Beschaffenheit sie angestellt worden, als ganz verwerflich vorzustellen. Wer kennt die Mängel einer andern, welche er nicht mit Augen gesehen, und eben so lange beobachtet hat, gleich gut? Diejenige, die jetzt bey uns besteht, ist in allen Ländern Europens allgemein gewesen, und sie dauert noch in den meisten, mit mehrern oder wenigern Veränderungen, fort. Sie muß also große und allgemeine Ursachen haben, die, auch noch jetzt, da nicht ganz aufgehört haben können, wo ihre Wirkung fortdauert; — Ursachen, um derentwillen man, mit einer gewissen Achtung und Behutsamkeit, bey der Beurtheilung oder bey Abänderung jener Einrichtung, zu Werke gehen muß. Ich weiß ferner, daß die Gewalt über den gemeinen und armen Mann, sie mag in Hände gegeben, sie mag vertheilt werden, wie sie will, doch zuletzt etwas despotisches und willkührliches behält. Der Pächter, oder Gutsbesitzer in England kann seinem Tagelöhner vielleicht eben so übermüthig begegnen, und ihn eben so drücken, als mancher deutsche Edelmann

mann seinen Bauern. Weit entfernt also sey es von mir, daß ich eine plötzliche Umkehrung der Dinge, wodurch die Gewalt aller Gutsbesitzer eingeschränkt, die Freyheit der Bauern vermehrt würde, für nützlich hielte. Ich fürchte nichts so sehr in einem Staate, als plötzliche Veränderungen: und von keinem politischen Grundsatze des Montesquieu bin ich so fest überzeugt, als von dem, daß der höchste menschliche Verstand nicht alle schlimmen Folgen eines neuen Gesetzes voraus sehen kann, so wie der kleinste hinlänglich ist, die Mängel des alten zu entdecken und zu tadeln.

Aber das wünschte ich, daß alle Gutsherrn sich selbst in dem wahren Lichte betrachteten, in welchem die verständigsten und edelsten unter ihnen sich schon längst erkannt haben. Sie sind nicht bloß Eigenthümer, sondern auch Regenten. Dieß ist eben die Ursache der vorzüglichen Achtung, deren sie im Staate genießen. Aber wenn sie die Vorrechte der Regenten haben, so haben sie auch die Pflichten derselben. Sie sollen von ihren Unterthanen nicht bloß Nutzen ziehn: sie sollen sie regieren, d. h. über ihr Verhalten wachen, und für ihr Wohl sorgen. — Sie sind ferner Regenten, deren Gewalt

walt viel willkährliches enthält, weil sie mehrere Arten der Herrschaft in sich vereinigt: sie sind also verbunden, sich vor dem Mißbrauche derselben um desto mehr zu hüten, — sie mit desto größrer Behutsamkeit, und mit doppelter Aufmerksamkeit auf die Menschenrechte und die natürlichen Empfindungen und Wünsche ihrer Unterthanen, auszuüben.

Es giebt Fälle, wo sie es sogar ihrem eignen Besten, so wie der Absicht ihrer Regentschaft, gemäß finden werden, ihre Rechte selbst freywillig einzuschränken, und manches von dem, was ihnen die Gesetze zugestehen, freywillig aufzuopfern. In welchem herrlichern Lichte könnten sie erscheinen; — wann könnte ihre Macht von einem höhern Ansehn und wohlthätigern Einflusse seyn, als indem sie sie anwenden, Reformen freywillig zu machen, die sich der höchste Gesetzgeber nicht getraute ihnen aufzulegen, um nicht ihren Rechten zu nahe zu treten?

Weil diesen freywilligen Aufopferungen, die nie gefordert werden können, auch nicht allgemein Gewissenspflicht sind, da wo sie möglich und gut wären, doch noch Vorurtheile im Wege stehen, so sey es mir erlaubt, zum Schlusse des Ganzen, eine Betrachtung hierü-

Es

Es ist das Eigenthümliche aller derer, welche gewisse, an einen Besitz oder ein Amt gebundne, Rechte und Vortheile besitzen, — Rechte, die von dem Verkäufer auf den Käufer, von dem Vorgänger auf den Nachfolger, von Vater auf Sohn übergehn, — es als eine Pflicht anzusehen, von diesen Rechten nichts zu vergeben, auch wenn Bewegungsgründe der Menschenliebe ihnen dieses anrathen, auch wenn diese Rechte unbedeutend sind, oder wenn ihr Mißbrauch in einem höhern Grade schädlich, als ihr Gebrauch nützlich ist. Das ist die Ursache mancher Streitigkeiten der Pfarrer, besonders auf dem Lande, mit ihren Gemeinden; das ist die Ursache mancher Unzufriedenheit der Unterthanen mit ihren Gutsherrn; das braucht der Ehrsüchtige so oft zum Vorwande, um jeden nichtsbedeutenden Punct seines Rangs mit Hartnäckigkeit zu behaupten; diesem Grundsatze ist besonders die katholische Geistlichkeit ehedem auf das treuste gefolgt, und hat dadurch jeden Mißbrauch zu verewigen gesucht, den die Thorheit des Zeitalters, oder die Schwäche einiger Fürsten, zu jener Vortheile, hatte einschleichen lassen.

Alle

Alle diese Personen führen zweyerley Gründe an, warum sie sich verbunden erachten, von den, ihren Gütern, ihren Aemtern, oder ihrem Range anklebenden, Rechten keines aufzuopfern. Erstlich, weil, wie sie sagen, sie ihrem Nachfolger nichts vergeben dürften, weil sie sich nur als Repräsentanten aller künftigen Besitzer ihres Nahmens, Standes oder Gutes ansehen müßten, und also mit Rechten, die dieser ganzen Reihe noch ungebohrner Geschlechter verliehen wären, nicht nach eignem Gefallen schalten könnten: zweytens, weil die Aufopferung eines ihrer Rechte, auch alle die andern, auch die ähnlichen Rechte aller derer, welche sich mit ihnen in gleichen Umständen befinden, in Gefahr brächte; indem diejenigen welche dabey der gewinnende Theil sind, gereitzt und beherzt gemacht würden, Nachlassungen, die sie in einem Stücke, und von einer Person erhalten haben, in allen, und von allen zu verlangen. Es wäre auf gewisse Weise, sagen sie, ein Eingriff in das Eigenthum andrer, wenn sie einen Theil von dem ihrigen, in einem Falle, wo alle gleiche Rechte haben, aufgäben.

Wir wollen sehen, in wiefern diese Gründe, besonders bey Gutsherrn, Stich halten,
wenn

wenn sie sich um derselben willen weigern, von ihren wohl hergebrachten Rechten ihren Unterthanen einige zu erlassen.

Daß keine äußere und strenge Pflicht vorhanden sey, welche alle folgende Besitzer eines Grundstücks verbände, von dem Vertrag, den der erste Anbauer, oder Besitznehmer desselben mit seinen colonis geschlossen, oder von den verjährten Gewohnheiten, nach denen sich sein nächster Vorfahrer gerichtet hat, nicht abzugehn, (vorausgesetzt, daß diese Aenderung mit Einwilligung des andern Theils geschieht,) das wird von allen Seiten zugestanden. Jener erste Grundherr war nicht Gesetzgeber: er schloß den Vertrag mit den Ansiedlern, die sich auf seinem Grund und Boden setzten, vermöge des Eigenthums-Rechtes, welches er hatte. Dieses Eigenthums-Recht haben seine Nachfolger, oder Erben eben so vollständig, so weit es nicht durch Landes-Gesetze eingeschränkt ist. Sie sind zwar, gegen diejenigen Personen, welche aus jenem Vertrage Rechte gegen sie erhalten haben, verpflichtet, diese Rechte nicht zu schmälern: aber sie sind gegen niemanden verpflichtet, von ihren eignen Vorrechten nichts zu verschenken.

Es

Es kann also nur eine Art der Gewissens-Pflicht, eine Fürsorge für das Beste der Personen, die künftig in unsern Platz treten sollen, ein Verlangen ihren Beyfall und ihre Dankbarkeit zu erhalten, seyn, welche uns so wachsam über die Aufrechthaltung von Rechten macht, die vielleicht in kurzem an ganz fremde Personen übergehen werden.

Diese so äußerst zarte Empfindung, diese Sorgfalt für das Wohl, und selbst für die kleinsten Vorzüge ganz Unbekannter, vielleicht noch Ungebohrner würde, — wenn sie nicht oft andern Leidenschaften bloß zum Vorwande diente, schwer zu erklären seyn. Wo sie wirklich als ein Grund der Unerläßlichkeit hergebrachter Rechte mitwirkt, da ist ihre Ursache ohne Zweifel darinn zu suchen, daß die Menschen weit mehr mit Personen ihres Standes, ihrer Art, mit solchen, deren äußere Lage der ihrigen ähnlich ist, — wären diese auch sonst mit ihnen in gar keiner Verbindung, wären sie auch bloße Geschöpfe ihrer Einbildung, — sympathisiren, als mit wirklichen und gegenwärtigen Menschen eines andern Standes, einer verschiedenen Lebensart. Der Edelmann und Gerichtsherr eines Gutes ist mit den künftigen Edelleuten, die

auf

auf demselben Schlosse wohnen, und eben das thun, eben das genießen werden, was er jetzt thut oder genießt, nach seiner Empfindung weit näher verwandt; er nimmt mehr Theil an dem was diese wünschen, was sie von ihm einst urtheilen werden, als er mit seinen jetzt lebenden Bauern verwandt zu seyn glaubt, als er mit deren ihren Wünschen und Gesinnungen zusammen stimmt.

Demohnerachtet, wenn die Sache nach der Wahrheit der Verhältnisse untersucht wird, so scheint es, daß die Verbindlichkeit des Gutsherrn gegen seine jetzt lebenden Unterthanen, die Pflicht, ihr Glück, so weit es, mit Klugheit und ohne seinen eignen merklichen Nachtheil geschehen kann, zu vermehren, größer sey, als die gegen die künftigen Besitzer seines Fundus, ihnen alle Rechte desselben ungeschmälert zurückzulassen. Diese Menschen, deren Noth er vor sich sieht, oder von deren Wohlstande er selbst Zeuge seyn kann, sind ihm von der Vorsehung, als die nächsten Gegenstände seiner Wohlthätigkeit, empfohlen. Deren Liebe und Dankbarkeit zu verdienen, sollte ihm in der That wichtiger seyn, als das Lob, welches ihm künftig ein eigennütziger Erbe, oder Käufer seines Gutes darüber erthei-

ertheilen wird, daß er in Verfechtung der herrschaftlichen Rechte standhaft und unbeweglich gewesen sey.

Zwar spreche ich einen Gutsherrn nicht von allen Pflichten, gegen die künftigen Besitzer seines Grundstücks, loß. So wie ich von ihm, wenn er ein vernünftiger und gutdenkender Mann ist, erwarte, daß er seine Gebäude und Aecker, auch um deßwillen, im guten Stande erhalte, damit seine Nachfolger nicht über seine Verwaltung klagen mögen: so fordre ich auch, daß er sich nicht Wohlthätigkeit oder Schwäche verleiten lasse, die zur Bewirthschaftung des Gutes nothwendigen Dienste wegzuschenken. Er würde Unrecht thun, wenn er die Absicht, wozu dieses sein Gut, — betrachtet als ein Theil des allgemeinen und immerwährenden Staats-Eigenthums, — bestimmt ist, zerstörte, indem er die Mittel, es als solches zu nutzen, aus den Händen gäbe.

Aber wie viele Erlassungen, Milderungen, Bewilligungen zum Besten der Unterthanen, werden nicht an manchen Orten möglich seyn, ehe man an dieses Aeußerste komme! Wie viele ehemahlige Rechte des Adels sind nicht, ohne den mindesten Nachtheil für den wirthschaftlichen

chen Zustand der Güter, jetzt abgeschafft oder vergessen? Von wie vielen, die jetzt noch obwalten, würde nicht die Abschaffung, wenn sie gleich für den gegenwärtigen Augenblick Unbequemlichkeiten nach sich zöge, für die künftigen Besitzer wahre Vortheile bringen?

Innerhalb der Gränzen also, welche die pflichtmäßige Fürsorge eines jeden, für die unverstümmelte Erhaltung des in seine Hände gekommnen Eigenthums, selbst seiner Wohlthätigkeit setzen muß, innerhalb dieser Gränzen können Gutsbesitzer gewiß noch manche freywillige Aenderungen, in ihrem Verhältnisse mit den Unterthanen, zum Vortheile derselben machen. Und wenn, auf der einen Seite, das, was sie ihrem Dominium entziehn, deßwegen wichtiger scheint, weil es demselben auf immer entzogen wird; so müssen sie auf der andern auch bedenken, daß eine Wohlthat, die sie ihren Unterthanen durch Erlassung lästiger, durch Bewilligung mehr günstiger Bedingungen, in dem Contracte zwischen sich und ihnen erweisen, Wohlthaten für alle künftige Generationen sind; und daß die spätesten Enkel sie oft noch für Handlungen segnen werden, bey welchen sie von ihren eignen Vortheilen wenig, oder nichts eingebüßt haben.

Was den zweyten oben angeführten Grund anbetrifft, der in der gewöhnlichen Sprache so ausgedrückt wird, „derjenige Edelmann mache es den andern schlimm, welcher seinen Leuten zu viel gebe, oder ihnen etwas erlasse": so will ich auch dessen Gewicht unter gewissen Umständen nicht ganz ableugnen. Es kann Zeitpuncte geben, wo in der That der weise und gerechte Mann, unter dieser Classe, nicht ganz seinem guten Herzen gegen seine Dienstleute folgen kann, wenn er sieht, sein Beyspiel würde zu viel Einfluß haben, diejenigen, welche, in gleicher Lage als er, zu gleicher Wohlthätigkeit nicht die Mittel besitzen, in Mißhelligkeit mit ihren Unterthanen zu setzen. Er wird alsdann eher insgeheim, und einzelnen Familien und Personen, Unterstützung zukommen lassen, als öffentlich und allen einen Zusatz ihrer Rechte, oder einen Erlaß ihrer Schuldigkeiten bewilligen. Dieser Fall kann alsdann eintreten, wenn eben der Streit zwischen Herrschaften und Unterthanen in Gährung ist, und letztre mehr, als gewöhnlich, ihre Lasten fühlen, oder sich mit Hoffnungen schmeicheln.

In-

Indeß; wenn ich sehe, daß, selbst schon in dem gegenwärtigen Zustande von Schlesien, mit einander gränzende Güter oft eine ganz verschiedne, und in Absicht der Beschwerden und Vortheile der Bauern, ganz ungleiche, Verfassung haben: so muß ich glauben, daß in der That schon vor Alters, gutherzigere, oder reichere, — vielleicht auch nachläßigere Herrn, ihren Unterthanen ein glücklicheres Schicksal gemacht haben, ohne daß dieses auf die Nachbarn den mindesten Einfluß gehabt, oder dieselben genöthigt habe, sich nach jenem Beyspiele zu richten.

Diese Furcht ist jezo noch ungegründeter, wie mich dünkt, als ehedem, da die Geseze das Eigenthum eines jeden noch weit kräftiger schützen, da Empörungen fast unmöglich, oder gleich gedämpft sind, und also die Wirkungen des Neides und der Unzufriedenheit, wenn diese Leidenschaften auch in den Gemüthern solcher Bauern, deren Zustand nicht verbessert worden ist, durch das Beyspiel ihrer glücklichern Nachbarn erregt würden, nicht sich weit erstrecken, noch fortdauernd seyn können.

Jedermann sieht ein, wie unvernünftig es wäre, eine gleiche Wohlthätigkeit gegen Arme von allen Menschen zu fordern. Eben so unbillig

billig wäre es, allen Gutsherrn ein gleiches Verfahren gegen ihre Unterthanen zur Pflicht zu machen. Ohne einigen Verlust auf der Seite jener, ist, in den meisten Fällen, der Zustand dieser nicht zu verbessern. Dieser Verlust kann für den einen Mann, für die eine Familie, weil sie von eingeschränktem Vermögen sind, sehr schwer zu ertragen, für andere reichere kaum bemerkbar seyn. Es ist genug, wenn die ersten gerecht sind.

Aber wäre es nicht eben so widersinnig, diesen letztern die Wohlthätigkeit zu verbieten? Sollte es deshalb unerlaubt seyn, dem Reichen zu überlegen zu geben, ob nicht, wenn er alle Forderungen und selbst die Wünsche seiner Unterthanen in Geld berechnete, und diese Summe mit dem sämmtlichen Ertrage seines Guts vergliche, das Verhältniß so geringe ausfallen würde, daß, Ruhe und Zufriedenheit so vieler Personen, mit einem für ihn oder für sein Gut so unbeträchtlichen Verluste, zu erkaufen, unmöglich eine ihm nachtheilige Operation seyn könne?

Das Schicksal des Bauern scheint mir am besten gesichert, wenn die Regierung nur darüber wacht, daß ihm nicht Unrecht geschehe, — ob er aber mehr Rechte erhalten solle, der Güte te der Gutsherrn überläßt; nur aber diese Güte durch alle schickliche Mittel zu erwecken und gehörig zu leiten sucht.

Unter diese Mittel rechne ich vornehmlich, Einsichten in die Natur der gutsherrlichen Rechte, und ihres Einflusses auf Herrschaften und Unterthanen. Je freyer von Vorurtheilen in diesem Stücke der Adel seyn wird; je mehr es Gutsbesitzer geben wird, die darüber selbst nachdenken, sich nicht durch die allgemeine Meinungen ihres Standes blindlings regieren lassen: desto mehr, ich bin dessen überzeugt, wird eine unmerkliche Verbesserung dieses Theils der Staats-Verfassung im Stillen immer weiter fortgehn.

Ich überlasse denen, welche die Umstände des Landvolks genauer als ich kennen, zu überlegen, ob nicht einige Verbesserung des Schicksals des Dienstgesindes, unter die ersten Puncte gehöre, worauf diese einsichtsvolle Menschenfreunde ihr Augenmerk richten müßten. Lohn, Kost und Lagerstätte desselben ist an vielen Orten so äußerst schlecht, daß, wenn auch Leben und Gesundheit der Knechte und Mägde darunter nicht leidet, doch Zufriedenheit und Glückseligkeit, so wie jeder Mensch Anspruch darauf hat, dabey nicht bestehn kann. Dazu kömmt, daß es das Dienstgesinde vornehmlich ist, welches durch die Unabänderlichkeit des vor vielen Jahren, oft vor Jahrhunderten, gemachten Contractes, — ohne irgend einen Ersatz, leidet. Wenn der Besitzer einer dienstpflichtigen Stelle für ein Tagelohn arbeiten muß, welches zu der Zeit, als es festgesetzt war, zehnmahl mehr werth war als heute: so giebt er seinem Herrn auch dafür die Erbzinse und andre Abgaben, nur nach diesem alten Maßstabe, und Gewinnst und Verlust halten sich daher mehr oder weniger die Wage. Das Dienstgesinde aber hat nichts gegen seine Herrschaft abzurechnen: so viel also sein Geldlohn jetzt am Werth geringer, und um so viel der Preis aller Bedürfnisse, welche es dafür kaufen will, größer worden ist, um so viel hat es wirklich und wahrhaft verlohren. Und sein Schicksal ist also unleugbar schlechter, als das seiner Vorfahren.

Ich schließe mit einer Betrachtung, die in gewisser Maßen das Wesentliche sämmtlicher vorhergehenden in sich enthält. Alle Wesen, die Vernunft und Freyheit haben, sagt der vortreffliche Kant, sind Zwecke in der Schöpfung, nicht bloß Mittel: sie sind um ihrer selbst willen da, um glücklich zu seyn; nicht bloß um

andrer

andrer willen, sie glücklich zu machen. Andre Menschen lediglich in diesem letztern Lichte, inwiefern sie uns dienen, zu betrachten, ist der Grund aller Ungerechtigkeit; so wie es das Wesentliche der Tugend ist, uns in unserm ganzen Betragen gegen andre, des erstern, daß wir auch um ihrentwillen da sind, zu erinnern. Dieß ist die Gesinnung, die insbesondre jeden Regenten in Ausübung seiner Herrschaft leiten muß; es ist die, welche ich allen Gutsbesitzern gegen ihre Bauern, wenn ich durch Gründe oder Beredsamkeit etwas vermöchte, einzuflößen wünschte. Schon durch diese Gesinnung, kann, auch bey einer ganz ungeänderten Verfassung, ihre Gewalt milde und wohlthätig, — durch sie allein können ihre Vorrechte wahrhaftig edel werden.

Dritte Vorlesung.

Ich habe den Landmann an sich, ich habe ihn in Verhältniß mit seinem Gutsherrn betrachtet: es wäre noch übrig, ihn in Beziehung auf die Regierung zu betrachten. Was fordert der Landesherr vom Bauer? Was ist der Landesherr verbunden dem Bauer zu leisten? Wie muß dieser letzte beschaffen seyn, wenn er die Endzwecke, zu deren Erreichung er, als Mitglied des gemeinen Wesens, bestimmt ist, erreichen soll? Und wie ist er in dieser Absicht wirklich beschaffen?

Die bürgerliche Gesellschaft ist, zur Vermehrung der Glückseligkeit aller ihrer Mitglieder, zusammen getreten. Ein so zahlreicher Stand, als der Stand der gemeinen Landleute, kann fordern, daß ihr Wohl, und die Verbesserung ihres äußern Zustandes, als einer von den letzten Zwecken der Regierung, angesehn werde.

Die erste Pflicht des Bürgers ist die, zum Schutze und zur Sicherheit des gemeinen Wesens das Seinige beyzutragen. Und da dieser
Schutz

Schutz viele Hände verlangt; da er nur bey den Wenigen, welche, als Befehlshaber, die Maßregeln dazu anordnen, besondre Talente, — bey der Menge, die zu ihrer Ausführung mitwirkt, nichts, als Kräfte und guten Willen fordert: so ist es natürlich, daß die zahlreichste Classe, die zugleich am wenigsten Gelegenheit hat besondre Geschicklichkeiten zu erwerben, dem Staate vornehmlich ihren Arm zur Vertheidigung schuldig sey.

Die Einkünfte des Staats, von denen die Beyträge der Bauern, eben ihrer Menge wegen, einen großen Theil ausmachen, erfordern eine neue Rücksicht des Regenten auf diesen Stand, so wie sie dem Bauer eine neue Pflicht auflegen.

Der Regent will also in den Bauern, erstlich, steuerfähige Unterthanen, er will, zweytens, gute Soldaten, er will, drittens, ruhige und den allgemeinen Gesetzen gehorsame Bürger, er will endlich, so weit es möglich ist, wohlhabende und glückliche Menschen an ihnen haben.

Diese verschiedenen Absichten greifen in einander ein; die Mittel, welche zu der einen erfordert werden, sind zugleich die, wodurch man die andern befördert. Wenn der Regent den
Bauer

Bauer in den Stand setzen will, seine Steuern richtig abzuführen, so muß er für dessen eignen Unterhalt gesorgt haben. Indem er ihn, durch Unterricht und Erziehung, zu einem bessern Menschen macht, oder ihn durch seine Fürsorge aus dem Elende und der Armuth herausreißt: so bewahrt er ihn auch vor Verbrechen, und muntert ihn zur Treue und zum Gehorsam auf.

Um den guten Soldaten zu bilden, gehören beym Bauern drey Sachen: körperliche Kräfte, Muth, und Ergebenheit gegen den Monarchen oder gegen die Regierung. Die beyden ersten Stücke hängen wieder zusammen: ein wohlgenährter, musculöser Körper giebt der Seele, die in ihm wohnt, ein gewisses Gefühl von Kraft, das hinwiederum diese Seele belebt, und ihr die Gefahr geringer vorstellt, so wie es ihr Beschwerden und Ermüdungen leichter machet.

Dem Landesherrn kann es also auch in dieser Absicht nicht gleichgültig seyn, in welchem Zustande sich der Bauer von Jugend auf befindet: weil davon, ob er sich ganz oder halb satt ißt, ob er gutes Brodt, gesunde Nahrungsmittel, oder ob er lauter unverdauliche und unkräftige Speisen genießt, nicht nur das Wachsthum und die Schönheit seines Körpers, sondern auch

die

die Festigkeit seiner Glieder und ihre Kraft abhängt, — zwey Sachen, die er bey denen wünschen muß, welche sein Heer ergänzen sollen.

Es ist aber, außerdem, in dem Muthe des gemeinen Mannes noch etwas angebohrnes und nationales, was sich nicht ganz erklären läßt. Das Klima, der erste Stamm, von welchem ein Volk seinen Ursprung herleitet, dann die Gewohnheit Krieg zu führen, und besonders das Andenken an viele erfochtne Siege, kann auf die Leibesbeschaffenheit, oder die Gesinnungen auch der untersten Stände dieses Volks Einfluß bekommen. Und da viele erworbene Eigenschaften des Menschen, durch die Geburt, forterben, so ist es nicht unmöglich, daß auch die Tapferkeit, bey der mehr als bey andern Eigenschaften etwas körperliches ist, gleichsam das Erbtheil gewisser Nationen, wenigstens durch lange Perioden hindurch, werde.

Aber was den Muth eben so sehr unterstützt, als körperliche Stärke, oder ein kriegerischer National-Charakter, und was mehr von dem Betragen und den Maßregeln des Regenten abhängt, ist die Liebe des Volks zum Regenten, oder zu der Staats-Verfassung.

Diese

Diese Liebe bey dem gemeinen Manne zu erhalten, sind, in monarchischen Staaten, Popularität des Regenten und unparteyische Gerechtigkeit, die Mittel.

Der Fürst lebt in zu großem Abstande von der untersten Volks-Classe, um unmittelbar ihr im Ganzen bekannt zu werden; sie ist zu zahlreich, als daß er gegen sie in einem hohen Grade wohlthätig seyn könne. Es bleiben ihm also nur zwey Zugänge zu derselben übrig. Der erste ist, dann, wenn er mit einzelnen Personen aus ihr von ohngefähr zu thun hat, herablassend, freundlich und gesprächig zu seyn. Ein gütiges Wort, von einem geehrten und ruhmvollen Fürsten, einem gemeinen Manne gesagt, gewinnt ihm die Herzen vieler Tausenden von dem Stande des letztern. Den andern Zugang zu ihnen hat er, wenn er als Richter ihre Klagen anhört und ihre Streitigkeiten entscheidet. Hier gerecht zu seyn, ist eine der größten und nützlichsten Tugenden eines Regenten: für den gemeinen Mann etwas parteyisch zu seyn, ist der verzeihlichere Fehler.

Auf welche Weise die Bauern in bessern Wohlstand zu setzen sind; oder wie der, welchen sie haben, ihnen erhalten werden könne, — die

zweyte

zweyte Hauptsorge der Regierung, — dieß macht eine der wichtigsten Aufgaben der Staatswirthschaft aus: eine Aufgabe, die in der Theorie nie völlig aufgelöst worden, nie vielleicht im Allgemeinen völlig auflösbar ist, weil so viel von den Umständen abhängt. Sie theilt sich in zwey Theile: erstlich, wie können die Bedürfnisse des Staats, zu welchen Geld und Dienste vom Bauern nöthig sind, auf die ihm am wenigsten lästige Art herbeygeschaft werden: zweytens, wie kann sein eigner Fleiß zu Gewinn bringenden Arbeiten ermuntert, und wie können ihm die Früchte dieses Fleißes versichert werden? Der letztere Punct hat wieder so mannichfaltige Seiten, als jeder Nahrungs-Zweig, dessen Flor man befördern will, zur Untersuchung darbiethet. Was der Regent bald mehr bald weniger thun kann, ist, den Absatz der Producte zu befördern, neue Anbauer, oder neue Arten des Anbaues zu unterstützen, in Unglücksfällen den Verlust tragen zu helfen, das Verhältniß, zwischen dem Bauer und dem Grundherrn, in den Schranken der Billigkeit zu halten.

Um den Bauer als Menschen zu vervollkommnen, trägt vornehmlich Erziehung und Unterricht

terricht bey. Und auch hierzu ist die Hülfe des Landesherrn nothwendig.

Dieß ist eine bloße Anzeige der Gegenstände, die über diese Materie auszuführen wären. Sie sind viel zu weit aussehend, viel zu mannichfaltig, um von mir in einem kurzen Aufsatze umfaßt werden zu können: und ihre gründliche Ausführung ist über meine Kräfte. Ich will bloß bey dreyen von denselben stehen bleiben, den Abgaben des Bauern, der ihm zu ertheilenden Rechtspflege, und seiner Erziehung.

Die Erfahrung lehrt, daß nicht die Befreyung von landesherrlichen Abgaben, allein und für sich, die Einwohner der Länder reich mache. Besonders richtet sich der Flor des Ackerbaues und der Wohlstand des Landmanns nicht einzig und allein darnach, ob er eine geringe Steuer von seinem Grund und Boden bezahlt. In Ländern, wo dieser in vorigen Zeiten am schlechtesten bearbeitet wurde, gaben die Bauern dem Staate oft am wenigsten. Noch jetzt sind, in mehrern Staaten geringe Steuern mit schlechtem Ackerbaue verbunden. In solchen ist zugleich der Bauer immer am ärmsten. Denn dort ist er gemeiniglich weder ordentlich noch fleißig. Der Staat fordert freylich wenig von ihm: aber der

Staat

Staat bekümmert sich auch nicht um ihn; der Bauer wird weder hinlänglich geschützt, noch unterstützt; niemand belehrt ihn, niemand kömmt ihm, wenn er Unglück hat, zu Hülfe. Er ist sich selbst und dem Zufalle überlassen: — eine schlechte Sicherheit für die Classe der Menschen, welche am wenigsten hat, und am unwissendsten ist. Es ist natürlich, daß, je geringer und ungewisser die Einkünfte einer Regierung sind, desto weniger sie im Stande ist, ihren ärmern Unterthanen Beystand zu leisten.

Im Gegentheile sehen wir, in den reichsten Ländern, die Abgaben am höchsten steigen: nicht, weil Auflagen reich machen; sondern weil eben die Ursachen, welche die Mittel des Erwerbs vermehrten, welche den Fleiß belebten, welche den Erzeugnissen neue Auswege verschafften, auch dieselben waren, welche dem Staate neue Bedürfnisse aufluden, ihm neue Ausgaben abforderten, und ihn nöthigten, von seinen Gliedern größre Beyträge zu fordern. Große National-Unternehmungen, von welcher Art sie sind, sie mögen, zur Erwerbung neuer Länder, oder zu besserer Bearbeitung der alten, abzielen, erfordern große Staats-Einkünfte, die, ohne vermehrte Abgaben der Bürger, nicht möglich sind.

M   Dazu

Dazu kömmt, daß die Thätigkeit und die gute Wirthschaft der Regierung auch die Kräfte des Bürgers spannt, und, durch Beyspiel und Aufmunterungen, seinen Erfindungsgeist und seinen Fleiß erweckt. Eine thätige Regierung aber braucht Geld: eine wirthschaftliche sucht es zu vermehren. Beyde Charaktere der Staatsverwaltung führen zu Vermehrung der Abgaben: aber sie können, durch einen mittelbaren Einfluß, dasjenige noch mit Gewinnst ersetzen, was sie unmittelbar abfordern.

Endlich kann die Nothwendigkeit selbst, in welche der Bauer durch Auflagen versetzt wird, zu bestimmten Zeiten bestimmte Summen Geldes bereit zu halten, ihm einen heilsamen Zwang auflegen, den er, bey seiner natürlichen Trägheit und dem zu schwachen Wunsche nach Wohlleben, nöthig hatte, wenn er fleißig seyn sollte. Dieser Fleiß aber, einmahl erweckt, kann oft seine Einkünfte noch über das Verhältniß seiner Abgaben erhöhen.

Dieser Betrachtungen ungeachtet, würde es auf der andern Seite eben so klaren Erfahrungen, und selbst den gemeinsten Begriffen des Menschenverstandes widersprechen, wenn man behauptete, daß man die Auflagen in einem

Lande,

Lande, besonders die, welche auf Grund und Boden, und noch mehr die, welche auf dem Eigenthume des gemeinen Bauern liegen, ohne Ende vermehren könne, ohne dem Ackerbaue zu schaden, und den Wohlstand dieser Classe zu hindern. Ein schimärisches System, welches alle andre Auflagen in eine einzige, auf Grund und Boden gelegte, verwandeln wollte, ist jetzt, wie ich glaube, von den meisten, welche es eher dem vertheidigten, verlassen. Die Untersuchungen aber, welche über dasselbe angestellt worden sind, haben deutlich gelehrt, daß es eine gewisse Gränze giebt, über welche der Ertrag liegender Gründe nicht mit Auflagen beschwert werden darf, ohne den Eigenthümer muthlos zu machen, und ihm Kräfte und Lust zum Anbaue zu benehmen.

Was aber insbesondere die Classe betrifft, von welcher ich hier rede, so ist es ganz unstreitig, daß von dem Unterschiede, der sich zwischen den Bauern des einen und des andern Landes Europens, in Absicht ihres Wohlstandes, findet, die Größe der ihnen aufgelegten Abgaben, und die Art wie sie erhoben werden, eine der vornehmsten Ursachen ausmacht.

Die Ungleichheit der Stände, die in die Grund-Verfassung der europäischen Staaten eingewebt ist, hat es mit sich gebracht, daß die Güter und die Personen des Bauerstandes gewisse Steuern allein bezahlen, von welchen die Adlichen frey sind, (wie dieß z. B. der Fall bey den tailles in Frankreich war, und bey den Schock- und Quatember-Steuern in Sachsen noch ist,) oder daß doch die Steuern der erstern Art der Güter, von ihrem ganzen Ertrage, einen größern Theil ausmachen, als die Steuern der letztern.

Ob es gleich dem, welcher, ohne Rücksicht auf Verfassung bloß aus allgemeinen Begriffen, über die Schicklichkeit der Dinge urtheilt, unbillig vorkömmt, daß derjenige Stand am meisten von seinem Einkommen abgeben soll, welcher am wenigsten hat: so wird doch der Philosoph, der nicht neue Staaten errichten will, sondern über die gegenwärtigen nachdenkt, Gründe finden, diese Einrichtung zu entschuldigen, und Bestimmungen, wodurch sie weniger lästig wird. Zuerst ist alle Ungleichheit auf einerley Art ungerecht, oder auf einerley Art gerecht. Wenn ein Stand, vor dem andern, Ehre, Reichthum und Rechte voraus hat: warum sollte derselbe nicht auch Befreyung von gewissen Abgaben voraus haben? Wenn die Glückseligkeit der untersten
Volks-

Volks-Classe durch jene Beraubungen nicht verlohren geht: warum sollte sie; nicht auch bey dieser größern Besteurung noch bestehn können? Und nun, zweytens, insofern man hierbey nicht auf den Menschen, sondern auf die Art des Eigenthums sieht: so ist klar, daß das mehr belastete um so viel weniger werth wird; daß also nur der erste Besitzer, bey einem neuen Besteurungsfuße verliert, jeder nachfolgende Erwerber hingegen sich, bey Bestimmung des Kaufwerths, nach dem, was er vom Ertrage wird abgeben müssen, richtet, und sein Capital demnach so gut wie jeder andre nutzt. Auf diese Weise werden, glücklicher Weise, selbst alte Ungerechtigkeiten mit der Zeit gerecht.

Alles das ist doch nur bis auf einen gewissen Grad wahr. Das Bauergut, die Gärtnerstelle mag noch so wohlfeil eingekauft seyn, wenn die Bewirthschaftung derselben, mit den darauf haftenden Diensten, den Mann ganz beschäftigt, und ihn doch, nach Abzuge dessen, was er dem Landesherrn und dem Gutsherrn abgeben muß, nicht ganz ernährt: so ist die Belastung unbillig und das Gut ist zu theuer erkauft. Selbst wenn ihm Muße zu andern Arbeiten übrig bleibt, aber Gelegenheit zu derselben fehlt, ist die Steuer unterdrückend, da sie auf sein Eigenthum gelegt ist, und doch nicht aus den Früchten desselben bezahlt werden kann.

Aber nicht bloß die Größe der Steuer, die gewiß von wenigen Staats-Verwaltern anders, als aus Irrthum und Unwissenheit, bis zur wirklichen Unterdrückung des Landmanns hinangetrieben worden ist, (denn was hätten sie sich und dem Staate, auf die Länge, schädlicheres thun können?) sondern noch vielmehr die Art der Erhebung derselben ist, was den Landmann zu Grunde richtet.

Wenn wir hier unsern Staat, mit dem che_mahligen Französischen_, den wir nun aus Neckers Werke besser als andre Staaten kennen, oder unsre jetzige Steuer-Verfassung mit den vorigen Zeiten zusammen halten: so finden wir vor allen Dingen den großen Vortheil, den eine beständige und unabänderliche Steuer gewährt.

In Frankreich wurden, von Zeit zu Zeit, die Summen, die jede Provinz zahlen sollte, nach den vermehrten Bedürfnissen der Regierung, oder nach der Vorstellung, welche diese von dem vermehrten Reichthume der Provinz sich machte, neu bestimmt: und die Eintheilung der geforderten Summe unter die verschiednen Bezirke, ward den Obrigkeiten dieser Bezirke, — die Eintheilung

lung unter die Personen jedes Orts, den Obrigkeiten, oder Grundherrn desselben überlassen. Diese Eintheilung geschah nach Regeln, wobey aber immer viel Willkührliches statt fand. Ueberdieß mußte der Einwohner, welcher während der Zeit, da die gemachte Eintheilung galt, die Steuer zu zahlen unfähig wurde, von den übrigen übertragen werden, weil jeder Ort seinen Antheil an der Steuer vollständig liefern mußte. Vor Neckers Zeiten konnte ein bloßer Ministerial-Befehl, aus dem Kriegs- oder Finanz-Departement, die Steuer, für die eine oder die andre Provinz, auf Ein Jahr willkührlich erhöhen.

Eine ähnliche Einrichtung war, in den ältern Zeiten, in den meisten deutschen Staaten. Die Abgaben wurden, durch einen Vertrag zwischen dem Landesfürsten und den Ständen, von Zeit zu Zeit ausgemacht, und von diesen unter ihre Lehnsleute und Bauern vertheilt. So klein diese Abgaben waren, so fielen sie doch auf den gemeinen Landmann sehr drückend.

Bey dieser Verfassung nähmlich ist die Ungewißheit, in welcher der Bauer sich befindet, was er wird zu geben haben, eben so schlimm für ihn, als die Nothwendigkeit zu geben selbst. Für unabänderliche bestimmte Ausgaben, macht jeder

jeder bey Zeiten Anstalt: und er findet Mittel dazu, wenn sie nur nicht ganz sein Vermögen übersteigen, besonders wenn sie ihm in kurzen Zeiträumen, und immer in kleinen Summen abgefordert werden. Aber unvorhergesehne Forderungen setzen einen unbemittelten Mann in Verlegenheit, auch wenn sie nicht zu groß für ihn sind; und das Willkührliche derselben macht ihm auch wegen der Zukunft bange. Das Uebel wird wirklich von ihm stärker gefühlt, und seine Furcht vergrößert es noch in der Einbildung.

Dazu kömmt, daß eine unabänderliche Steuer auf Ländereyen eine große Aufmunterung des Ackerbaues gewährt. Das Gut, welches zur Zeit der Besteurung, nach seinem damahligen Ertrage, mit Abgaben belegt worden ist, giebt, wenn es von dem Besitzer seit der Zeit, durch Verbesserungen und Erweiterungen des Anbaues, zu größerem Ertrage gebracht worden ist, von diesem Zuwachse so lange nichts ab, als die Steuer nicht erhöht wird. Dieß ist eine billige Belohnung des Fleißes. Young, ein sehr aufmerksamer Beobachter der englischen Wirthschaft, sucht hierinn eine der vornehmsten Ursachen, warum der Ackerbau in Großbritannien

mehr

mehr blüht, als in Frankreich. Dort ist die Landtaxe vor langer Zeit gemacht, und seit derselben nie erhöht worden. Der fleißige und geschickte Wirth, dem seine Ländereyen jetzt weit mehr Rente bringen, als diejenige ist, wornach sie besteuert wurden, giebt jetzt in der That einen kleinern, — der träge und unverständige, der seinen Acker in dem Zustande gelassen hat, in welchem er zur Zeit des verfertigten Steuer-Katasters war, giebt einen größern Theil seiner Einkünfte dem Landesherrn ab. In Frankreich wurden unter der monarchischen Regierung bey jeder neuen Verpachtung, oder bey jedem neuen Contracte mit den Regisseurs, alle im letzten Zeitraum urbar gemachten Brachen, alle vorgenommenen Verbesserungen mit in Rechnung gebracht, um die Anlage darnach zu erhöhen. Eifer und Geschicklichkeit im Anbau, zogen hier dem Land-Eigenthümer nur eine Vermehrung seiner Lasten zu.

Jene Vortheile nun gewährt auch der Schlesische Steuerfuß: und daß er im Ganzen gut sey, erhellet aus der Leichtigkeit und Pünctlichkeit, mit welcher er größtentheils bezahlt wird. Den Französischen Bauer richtete nichts so sehr zu Grunde, als die Executionen. Die Anzahl deker, welche, wegen nicht bezahlter Steuern, jährlich ausgepfändet, denen ihr Vieh, ihre Acker-Geräthe deshalb weggenommen und verkauft wurden, war so beträchtlich, daß über keine Beschwerde so oft, von ihren politischen Schriftstellern, geklagt, kein Auftrit des menschlichen Elendes so oft, von ihren Dichtern und Rednern, abgeschildert worden ist.

Diese Auftritte sind bey uns höchst selten. Die Bezahlung der landesherrlichen Abgaben, der Zwang, der dabey ausgeübt werden muß, richtet bey uns sehr wenige Bauern zu Grunde. Ein Vorzug, für den wir unsre Regierung segnen müssen.

Es giebt eine andre Art von Auflagen, — die, welche der Staat vom Landmanne durch unbezahlte Dienste fordert. In Frankreich werden die großen Heerstraßen auf diese Weise unterhalten. Dieß sind die corvées, über welche so viel ist geschrieen worden. Und in der That sind solche Auflagen immer ungleicher, unbestimmter, willkührlicher; und, weil sie nicht von dem schon gewonnenen Gelde bezahlt werden, sondern dem Menschen Zeit, Kräfte und Mittel, wodurch er sich erst Geld erwerben will, kosten, lästiger, als die Geld-Abgaben. Zuweilen

ken veranlassen auch bey uns die Zeit-Umstände, oder öffentliche Arbeiten und Anstalten, als neu zu erbauende Festungen, zu reparirende Landesschäden, daß solche Bauerndienste ausgeschrieben werden. Diese sind allerdings immer, mehr oder weniger, als lästig anzusehn: und sie sind nur alsdenn zu billigen, wenn sie unvermeidlich sind. Dem Bauer, der vom Ackerbaue lebt, und der sie in Person leistet, sind sie, zu der einen Zeit, unter gewissen Umständen, vielleicht erträglich; wenn er nähmlich von nothwendiger Arbeit zu Hause frey ist, und wenn er dabey nicht zu weit von seiner Heymath entfernt, nicht zu lange aufgehalten, und nicht, durch den theuern Unterhalt in der Fremde, zu sehr beschwert wird. Aber zu einer andern Zeit, und unter andern Umständen, wenn seine Gegenwart auf seinem Felde nothwendig ist, wenn er eine beträchtliche Zeit, die ihm nicht angerechnet wird, auf der Reise zu dem Orte der Arbeit zubringen muß, wenn er dort eine theure Zehrung findet, können sie ihn in große Verlegenheit setzen, und ihm einen wesentlichen Schaden bringen. Und eben deßwegen, weil auf diese Unterschiede nicht Achtung gegeben werden kann, sind solche dem Staate zu leistende persönliche Dienste,

ste, eine unbestimmtere, eine ungleichere, und also eine schlechtere Art der Auflagen. — Der andre Theil unserer Landleute, der, wie die Gebirgs-Einwohner, von einer Art des Kunstfleißes lebt, welche er durchaus nicht ohne seinen Schaden unterbrechen kann, muß die Arbeiter, die er an seiner Stelle schickt, bezahlen. Bey diesem wird also jener Frohndienst zu einer wirklichen Geldabgabe; aber es ist eine unerwartete, oft eine ansehnliche, und kann in der Haushaltung eines gemeinen Webers eine nicht geringe Zerrüttung machen.

Noch will ich eine Bemerkung hinzufügen, die wenigstens Mitleiden und Nachsicht gegen den Bauern rege machen kann. Immer wird gegen ihn das Alterthum der Rechte angeführt: er kann, sagt man, dieß thun, er kann dieß geben; denn er hat es von je her gethan und gegeben. Aber man bedenkt nicht, daß sein Zustand im Ganzen, in den neuern Zeiten, wirklich beschwerter geworden ist, weil er nun zwey Herrn zugleich dienen soll. Zu der Zeit, als der Adel seine Herrschaft über den, auf seinen Gütern sich ansetzenden, oder daselbst schon angesessenen, Bauer gründete, und die Bedingungen derselben festsetzte, war jener beynah der
einzige

einzige Oberherr des letztern. Der Zusammenhang beyder, mit dem Staate und mit dem Regenten desselben, war geringe; eben so geringe waren die Forderungen, welche der Landesherr an den Bauer machte. Nachdem, zu großem Glücke aller Theile, sich die Unabhängigkeit dieser kleinen Souveräne verringert, die Macht der großen Monarchen vermehrt hat, und alle, Gutsherrn und Bauern, ihre gemeinschaftliche Unterordnung unter einen obersten Regenten stärker zu fühlen angefangen haben: seitdem sind auch die Bedürfnisse der Staaten, — sind auch die Beyträge gewachsen, die von dem geringsten Unterthan, zu Bestreitung derselben gefordert werden. In diesem neuen Verhältnisse, hat also der Bauer auch neue Lasten zu tragen bekommen. Sollte nun sein altes Verhältniß gegen seinen unmittelbaren Herrn, (was Dienste und Abgaben betrifft,) ganz ungeändert bleiben: so würde er, in Absicht seines Nahrungsstands, weit schlimmer daran seyn, als sein mehr knechtischer Vorfahr vor etlichen hundert Jahren. Es ist wahr, daß die Nothwendigkeit selbst den Fleiß vermehrt hat. Aber bey Besitzungen von so geringem Umfange, kann derselbe nicht sich ins Unendliche erweitern.

Was

Was die Rechtspflege, das zweyte der oben angezeigten Stücke, betrifft, welches ich berühren wollte, so sollte bey derselben, nach ihren wesentlichen Regeln, gar keine Rücksicht auf den Stand der Personen genommen werden. Das Richteramt ist, unter allen Zweigen der höchsten Gewalt, am unbiegsamsten, und soll es nach seiner Natur und Absicht seyn. Es ist bey demselben von Eigenthum, nicht von Glückseligkeit die Rede: es kömmt also nicht in Betrachtung, ob der eine Theil ärmer, elender, unglücklicher ist; er muß doch verlieren, was ihm nicht gehört, es muß ihm abgesprochen werden, was er nicht zu fordern hat. Es ist bey dem Richter nur von Beweisen, von Ueberzeugung des Verstandes die Rede: und Zuneigung, Wohlwollen, selbst Mitleiden, so billig diese Empfindungen übrigens seyn mögen, sollen keinen Einfluß auf ihn haben.

Dieß ist die strenge Wahrheit. Eine Folge davon scheint zu seyn, daß der Regent, in dieser Eigenschaft, als oberster Richter, gar keine besondre Pflicht gegen den Bauer haben könne: daß Machtsprüche zu seinem Besten eben sowohl eine Verletzung der landesherrlichen Pflichten sind, als Machtsprüche zu Unterdrückung desselben

selben; mit einem Worte, daß, wenn man, von dem Eigenthümlichen des Bauern, und dem Eigenthümlichen seines Verhältnisses mit dem Landesherrn, redet, man vom Rechte und dem Richter-Amte gänzlich schweigen müsse.

Demohnerachtet, wenn wir uns für einen Augenblick in die Stelle des Regenten selbst stellen, und dieses ganze große Schauspiel des bürgerlichen Lebens, und alle darinn auftretenden Personen, — Unterobrigkeiten, Richter, Grundherrn, Bauern, — gleichsam als von einer Höhe anschauen, einer Höhe, in welcher wir sie zwar nicht genau beobachten, aber doch besser, als auf einem niedrigern Standpuncte, in ihrer Verbindung übersehen können: so werden wir gewiß, wenn wir ein gutes, fühlbares Herz haben, zu folgenden Betrachtungen veranlasset werden.

„Der gemeine Bauer ist im Grunde ein ar-
„mes Geschöpf. Er kann nicht viel verlieren,
„nicht oft unrecht leiden: oder er geht zu Grun-
„de. Thut er Unrecht, fordert er etwas unbil-
„liges: so entzieht er seinem Herrn immer nur
„einen Theil, oft einen sehr geringen Theil sei-
„nes Vermögens. Es ist billig, daß ich, Regent,
„über die Gerechtigkeit, die dem Bauer wieder-
„fah-

„fahren soll, noch genauer wache, als über
„die, welche er zu leisten hat."

„Ferner, der Edelmann, der Herr des Bau-
„ern, ist ein Mann vom Stande: er steht in
„vielfachen Verbindungen, besonders mit den
„Richtern, den obrigkeitlichen Personen, den
„Gliedern der Unterregierungen, die großen
„Theils aus seinem Stande genommen sind, —
„endlich selbst mit den ersten Dienern des
„Staats und mit den Lieblingen des Fürsten.
„Der Bauer kennt niemanden, hat keinen an-
„gesehnen Mann weder zum Anverwandten noch
„zum Freunde. Jener hat Verstand, Erziehung,
„Kenntnisse, und kann seine Rechte und Grün-
„de ins beste Licht setzen: dieser ist einfältig, er
„kann mit der Sprache nicht fort; sein Vor-
„trag ist allen Personen aus den höhern Stän-
„den unverständlich oder unangenehm. Ich Re-
„gent also, der für alle meine Unterthanen sor-
„gen soll, muß für den Verlassenen, von Ver-
„bindungen, Gönnern Entblößten, für den Un-
„wissenden, für den Unberedten noch etwas
„mehr sorgen."

„Endlich, alle andre Stände, (würde ich in
der Stelle des Regenten, ferner sagen) „haben
„zu mir, auf die eine oder die andre Weise, ei-
„nen

„nen Zutritt: ihnen mein Wohlwollen, meine
„Fürsorge zu bezeugen, habe ich hundert Wege.
„Ich versammele den Adel an meinem Hofe,
„und lasse ihn, an dem Glanze und den Ver-
„gnügungen desselben, Theil nehmen; ich besetze
„mit Personen seines Standes die vornehmsten
„Aemter meines Staats, und eigne ihm dadurch
„die größte Ehre und die reichsten Einkünfte
„zu, welche in der Monarchie zu erhalten sind.
„Dem Adel gehören ausschließungsweise alle
„Befehlshaberstellen meiner Armee; und kaum
„kann die größte Tapferkeit und das leuchtend-
„ste Verdienst des, aus dem Bürger- oder
„Bauernstande abstammenden, Soldaten, die ei-
„serne Scheidewand durchbrechen, die ihn von
„allen Ansprüchen auf militärische Beförderung
„ausschließt. Für den Kaufmann und den städ-
„tischen Nahrungsstand, sorge ich durch Gesetze;
„ich schließe für ihn Bündnisse; ich führe für
„ihn sogar Kriege; ich belohne, ich ehre auch
„aus dieser Classe die einzelnen Personen, die sich
„auszeichnen. — Aber was kann ich für den ar-
„men Bauer thun? Ihrer sind zu viele, als
„daß ich für jeden insbesondre die mindeste
„Sorgfalt, zu Vermehrung seines Wohls, an-
„wenden könnte. Den Ackerbau zu befördern,

„und

„und den Gewinnst, welchen er bringen soll, zu
„vergrößern, steht, insofern dieses durch Anstal-
„ten von mir unmittelbar geschehen soll, weni-
„ger in meiner Gewalt, als den Flor der
„Stadt-Gewerbe zu befördern. — Demohner-
„achtet ist mir diese Classe des gemeinen Land-
„manns so nothwendig, und sie thut so viel für
„mich! Für den kleinsten Sold, ohne Hoffnung
„von Ehre oder Belohnung, wagt sie für mich
„ihr Leben, ihre Gesundheit, und unterwirft
„sich dem härtesten militärischen Zwange. Sie
„giebt von ihrem kleinen Erwerbe, mir beständig
„einen Theil ab, und füllt dadurch meine
„Schatzkammer. Die Liebe und Treue dersel-
„ben ist die Vormauer meines Reichs; auf ih-
„rem Muthe beruht die Sicherheit meiner
„Würde und mein Einfluß in andre Staaten.
„Es bleibt mir demnach nichts übrig, um die-
„sen Bauer, den ich nicht kenne, dem ich nie
„etwas Gutes erwiesen habe, zu gewinnen, als
„ihn zu überzeugen, daß ich für seinen Stand
„Achtung, und ihm zu helfen wenigstens den
„guten Willen habe. Und dieß kann ich nicht
„anders, als wenn ich seine Klagen, auch seine
„ungerechten Klagen anhöre, und mich nicht so
„leicht ermüden lasse, sie auch wiederholt anzu-
„hören.

„hören. In der Eigenschaft eines Richters nä-
„here ich mich diesem Stande am meisten.
„Meine Pflicht und mein Vortheil erheischt es,
„daß ich diese Gelegenheit nutze, ihm den fal-
„schen Wahn zu benehmen, den er aus meinem
„übrigen Betragen fassen könnte, als wenn ich
„seine Herrn, und die, welche über ihn sind,
„nur allein liebte und meiner Fürsorge würdig-
„te, ihn aber verachtete, und für ein ganz unbe-
„deutendes Wesen hielte, dessen Wohl und Wehe
„in keine Betrachtung käme.

„Und in der That, wo kann der Schaden
„am größten seyn? Gesetzt, ich werde von dem
„gemeinen Manne hintergangen, und ich eile zu
„geschwinde seine Klagen zu stillen; — gesetzt, ich
„unterstütze ungegründete Forderungen desselben.
„Aber werden nicht hundert Stimmen der An-
„sehnlichsten im Volke sich erheben, mich dessen
„zu belehren? Werde ich nicht bald von mei-
„nem Irrthume überzeugt werden, und, wenn
„ich auch diesen Fehltritt nicht mehr zurückneh-
„men kann, doch abgehalten werden, neue zu
„machen? Aber nun betrachte man den entge-
„gengesetzten Fall. Gesetzt, ich wiese alle die
„aus der schwächsten und untersten Classe, wel-
„che sich an mich wenden, ab; ich wäre taub

„gegen ihre Klagen, oder zum voraus schon
„geneigt ihren Gegnern Recht zu geben: wür-
„den die Ungerechtigkeiten, die alsdann vorgin-
„gen, nicht viel drückender seyn, würden sie mir
„nicht ewig verschwiegen bleiben, es sey dann
„daß ich sie durch Aufruhr und Tumult kennen
„lernte? Und wenn es zu diesem Aeußersten
„nicht käme, würde ich mir nicht, bey der all-
„gemeinen Stille, welche Despotismus und
„Sklaverey verbreitete, einbilden, die Glückse-
„ligkeit meiner Völker wäre auf ihrem Gipfel?"

So denkt der gute Regent: so hat Friedrich der Zweyte gedacht. Es ist wirklich ein Glück, für den Schriftsteller in Preußischen Staaten, daß er, in Absicht vieler Puncte der Staatswirthschaft, indem er im Allgemeinen untersucht, was geschehen soll, auf diejenigen Regeln trift, welche bey dem Betragen, wenig-stens bey den Gesinnungen seines Fürsten, zum Grunde liegen.

Das also werden Menschenfreunde, und Freunde des gemeinen Mannes leicht eingestehn, daß, wenn es für einen Menschen, der das oberste Richter-Amt in einem Lande verwaltet, unmöglich ist, die Wage der Gerechtigkeit so fest in der Hand zu halten, daß die Zunge nicht
um

um einen Grad auf die eine, oder die andre Seite ausschweife, es besser sey, sie sich auf die Seite der Geringen, der Niedrigen, der Armen im Volke, als auf die der Mächtigen, der Großen, der Reichen neigen zu lassen.

Indeß verblendet mich mein eignes Mitleiden, mit dem Schicksale des gemeinen Mannes, nicht so sehr, daß ich nicht einsehe, es sey hier eine gewisse Gränze, die nicht überschritten werden kann, ohne daß der Staat zerrüttet, — ohne daß die nöthige Unterordnung, oder doch die einmahl eingeführte Unterordnung der Stände geschwächt und dem Ansehn der Unterregierungen Eintrag gethan werde.

Der Fürst muß seine Richterstühle, seine obrigkeitlichen Aemter mit tüchtigen Männern besetzen, und dann zu denselben ein gewisses Zutrauen haben. Zwar nicht ein solches, daß es nicht glaubte, diese Richter, diese obrigkeitlichen Personen wären immer noch Menschen, und also den Einflüssen ausgesetzt, allen den Leidenschaften unterworfen, welche auf Personen ihres Standes und ihrer Lage zu wirken pflegen: aber doch ein solches, daß er Aussprüche, in welchen mehrere dieser Collegien übereinkommen, in der Regel, für gültig anerkennen; — aber doch

doch ein solches, daß er die klärsten Beweise er, fodere, um ein ganzes Tribunal einer vorsätzlichen Ungerechtigkeit zu beschuldigen.

Dieses Zutrauen zu seinen Beamten, zu den Unterregierungen und deren Gliedern, muß den Fürsten nicht abhalten, auch den gegen sie von dem gemeinen Manne geführten Beschwerden, in Sachen, die ihm noch unbekannt sind, ein offenes Ohr zu leihn, und überhaupt leßterm den Zutritt zu sich so leicht, als möglich, zu machen. Aber es muß ihn abhalten, wenn neue Untersuchungen den ehemahligen Ausspruch bestätiget haben, der Vollziehung derselben in den Weg zu treten: es muß ihn bewegen, diejenigen, deren Klagen als ungerecht erwiesen sind, — die, welche gegen ihre Obrigkeit erweislich falsche Beschuldigungen angebracht haben, — exemplarisch zu bestrafen.

Geschähe dieses nicht, so würde die Ungewißheit und Unschlüßigkeit, in welche die Richter gerathen könnten, ob sie dem, was sie den Gesetzen schuldig sind, oder dem, was sie dem Willen und der Neigung ihres Landesherrn gemäß glauben, folgen sollen, der Gerechtigkeit größern Schaden thun, als der Nepotismus der Richter, oder ihre Gleichgültigkeit gegen

das

das Schicksal des gemeinen Mannes thun könnte.

Das dritte Stück, wovon ich noch zu reden habe, ist die Erziehung und der Unterricht des Landmanns.

Vor allen Dingen muß erst ausgemacht werden, ob der Regent etwas nützlichs thue, wenn er für diese Erziehung Sorge trägt, oder sie zu verbessern sucht.

Daß der Bauer so gut, wie alle andern Menschen, durch Begriffe, durch Vorstellungen regiert wird, und daß, wenn diese Begriffe richtiger, wenn die Grundsätze, wornach er handelt, wahrer, die Bewegungs-Gründe, die ihn treiben, reiner sind, seine Handlungen besser seyn müssen, daran zweifelt in der Theorie niemand. Aber daran zweifeln viele, ob bloß durch solche Anstalten, wie sie von Menschen, und für diesen Stand, gemacht werden können, zu erhalten stehe. Wird wohl die Erkenntniß, welche man dem Bauer in der Schule verschaffen kann, von der Art seyn, daß sie auf seinen Willen Einfluß zur Besserung habe? Kann, bey ungebessertem Willen, vermehrte Kenntniß nicht ein Werkzeug, und eben deswegen auch eine Versuchung zum Bösen werden? Können endlich verfeinerte

Empfindungen, erweiterte Begriffe, mit grober Arbeit und einer dürftigen Lebensart bestehn? Das sind die Fragen, die hier beantwortet werden müssen.

Es wird in unsern Tagen mehr, als jemahls, von der Aufklärung des gemeinen Mannes geredet und geschrieben. Aber die Meinungen darüber sind noch bis jetzt sehr getheilt. Die Gelehrten, und die obersten Regierer der Völker, die in einer gewissen Entfernung von dem gemeinen Manne leben, halten diese Aufklärung fast durchaus für nützlich. Die Gutsbesitzer, und die Magistratspersonen, unter welchen der Bauer unmittelbar steht, sind großen Theils der entgegengesetzten Meinung. Welchen von beyden soll man trauen? Die letztern haben die Erfahrung für sich, die sicherste Führerin in allen praktischen Sachen; aber sie sind dafür mehrern Leidenschaften unterworfen, die eben sowohl irre führen können. Sie sehen allerdings, wie der gemeine Mann beschaffen ist, mit Augen: aber sie urtheilen bloß nach dem was er in Absicht auf sie ist, und verlangen nichts weiter, als daß er ihnen so nützlich als möglich, und daß er ihnen gehorsam sey. Jene ersteren betrachten die Sache mit eine mvon Leidenschaften unbefangenen Gemüthe; Ihr Eigennutz kann sie nicht irre führen; aber ihr Mangel von Erfahrung kann sie viele kleine Umstände übersehen lassen, wodurch ihre, in der Theorie richtigen, Sätze in der Anwendung auf die wirkliche Welt unbrauchbar werden.

Die, welche die Aufklärung vertheidigen, sagen, und mit Recht: daß man die gröbsten Ausschweifungen des gemeinen Mannes, und von Zeit zu Zeit auch die fürchterlichsten Rebellionen immer, in den Ländern und Perioden, gesehen habe, wo der Bauer der dümmste und roheste gewesen ist; daß es zwar auch da oft lange Zwischenräume der Ruhe gegeben habe, während welcher der, bis zum Thier erniedrigte, Bauer, auch unterwürfig wie das Thier, und zu einem knechtischen Gehorsam bereit gewesen sey; daß aber dadurch weder die Absicht seines Grundherrn erreicht worden sey, als der von ihm auch einen geschickten und überlegten Dienst, — der auch emsige Arbeit verlangt, (zwey Sachen deren keine bey einer solchen Unterdrückung aller Seelenkräfte zu erhalten steht,) noch weniger die Absicht des Landesherrn, welcher tapfere Vertheidiger und fleißige Anbauer seiner Länder zu haben wünscht, und am wenigsten

die Absicht des Schöpfers, dem es um glückliche Menschen zu thun, — und dem der Geist des Bauern so wichtig, als der Geist des Fürsten ist. Sie sagen, daß unmöglich die Menschen, und also eben so wenig die Bauern, boshafter und schlimmer werden könnten, wenn sie richtigere Begriffe von Gott, von ihren Pflichten und von der Glückseligkeit bekämen, als sie zuvor hatten; daß sie unmöglich schlechtere Arbeiter werden könnten, wenn sie zum Nachdenken fähiger, und mit einigen, auf ihren Beruf sich beziehenden, Kenntnissen, versehen würden; daß sie hingegen einer jeden moralischen Einwirkung, von Seiten ihrer Herren und der Obrigkeit, ganz unempfänglich bleiben, wenn sie nicht, Vorstellungen und Gründe zu fassen, und die Ermahnungen der Weisern oder ihrer Vorgesetzten zu verstehen und zu überlegen, in den Stand gesetzt werden. Sie sagen endlich, daß auch sie Erfahrungen anzuführen hätten, indem es ausgemacht sey, daß man es bey den Einwohnern eines Dorfs sehr gewahr werde, was für einen Prediger sie haben; und daß sich diejenigen Gemeinden, nach der Regel, allemahl an Sittlichkeit auszeichnen, wo ein vernünftiger und musterhafter Geistlicher sich ernsthaft mit ihrem

rem Unterrichte beschäftigt, indeß er ihnen durch sein Beyspiel Hochachtung einflößt, und sie durch sein liebreiches Betragen an sich zieht.

Die andre Partey, welche dem Nutzen der größern Aufklärung des Bauern widerspricht, zu welcher sich sehr viele der Gutsherrn gesellen, führt dagegen einige nicht weniger erhebliche Gründe an. Unsre Väter und Vorfahren, sagen sie, haben niemahls mit ihren Unterthanen im Streite gelebt, *) da die letztern weder lesen noch schreiben konnten: das Feld ist deswegen nichts schlechter angebaut worden, und die Sitten sind unstreitig reiner gewesen. Jetzt können viele unsrer Bauern nicht nur dieses, sondern auch noch dazu rechnen; es giebt deren, welche anfangen Bücher zu lesen: aber sind sie deßwegen besser? gehen weniger Ausschweifungen unter ihnen vor? sind sie gehorsamere Unterthanen, oder bessere Wirthe? Umgekehrt: die Sitten haben sich augenscheinlich verschlimmert, und die Herrschaften haben weit mehr Mühe, ihre Unterthanen in Ordnung zu halten. Untersucht man, welches die Aufwiegler in den Dörfern,
wel-

------
*) Dieß wird demohnerachtet durch die Bauern-Tumulte und Bauern-Kriege widerlegt, deren die Geschichte, auch in den dunkelsten Jahrhunderten, erwähnt.

welches die Verführer des Volks sind: so findet man sie gerade unter denjenigen, die am meisten in der Schule gelernt haben, die sich etwas auf ihre vermeinte Weisheit zu Gute thun, und die, wenn sie Unfug machen wollen, nur mehr Mittel dazu in Händen haben. Noch jetzt ist der ehrlichste Bauer immer der dümmste, der unwissendste. Was der Gutsherr, setzen sie hinzu, auf seinem Hofe bemerkt, das findet der Officier auf dem Exercierplatze und selbst im Felde. Der roheste, unwissendste Bauer wird der beste Soldat. Denn er läßt sich wie eine Maschine abrichten, und wenn er so abgerichtet ist, so kann man sich auf ihn verlassen.

Zwey Parteyen, die aus so verschiedenen Gesichtspuncten den Gegenstand ansehn, werden nie zu völliger Uebereinstimmung gebracht werden können. Aber von beyden werden diejenigen, welchen es um Wahrheit zu thun ist, sich den Weg zur Vereinigung dadurch bahnen, daß sie vor allen Dingen ausmachen, was Aufklärung sey.

Richtigere, moralische und religiöse Begriffe machen unstreitig den einen Theil davon aus: und Kenntnisse und Geschicklichkeiten andrer Art, zu welchen das Lesen, Schreiben und Rechnen

nen die Grundlage ist, können als der zweyte Theil betrachtet werden. Fast niemand, der es nicht überhaupt für gleichgültig ansieht, wie Menschen beschaffen sind, wird die erste Art der Aufklärung misbilligen: nur viele werden sie für unmöglich halten. Das vermeinte Schädliche hingegen liegt in dem zweyten Theile, gerade demjenigen, welcher am leichtesten zu erhalten steht.

Aber zuerst fragt sich: können die beyden Arten der Aufklärung, die, welche zur Besserung des Menschen führen soll, und die welche nur seine Geschicklichkeiten und seine Kenntnisse vermehrt, von einander getrennt werden? Giebt es, für Menschen, einen Weg zum Herzen andrer, als durch den Verstand, — zu Verändrung ihrer Sitten, als durch Vermehrung ihrer Einsichten? Und kann hinwiederum der Verstand in wichtigen Wahrheiten unterrichtet werden, wenn dem Menschen nicht gewisse Elementarkenntnisse beygebracht worden sind?

Zum andern, ist ein zufälliger Schade, der aus vermehrten Kenntnissen Eines bösen Menschen entsteht, ein hinlänglicher Grund, eine ganze Classe von Menschen der großen Vortheile zu berauben, die sie aus dem ihr ertheilten

Un-

Unterrichte ziehn würde? Sollen die Guten die Mittel, wodurch sie glücklich werden können, nicht in die Hände bekommen, damit Böse keinen Mißbrauch davon machen?

Was jenen Zusammenhang betrift, so ist derselbe ausgemacht und augenscheinlich.

Ob das Leseulernen für den gemeinen Bauer nützlich sey, ist bey uns vielleicht keine Frage mehr, da der Unterricht darinn ziemlich allgemein eingeführt ist. Aber wenn dennoch jemand zweifelte, ob der Bauer das Lesen zu irgend einem moralischen Zwecke nützen könne, oder ob es ihm dazu nothwendig sey: der bedenke nur, daß der mündliche Unterricht, welchen der Bauer in seiner Jugend bekömmt, wenn er vollkommen gut wäre, und weder ergänzt noch verbessert werden dürfte, doch im Gedächtnisse aufgefrischt werden müßte, und daß dieses nicht besser, als durchs Lesen, geschehen kann. Ist jener Unterricht hingegen, wie gemeiniglich der Fall ist, schlecht: so hat der Bauer, wenn er nichts liest, kein Mittel das Versäumte nachzuholen. Es ist wahr, die Religionsvorträge in den gottesdienstlichen Versammlungen sollen dieses Mittel seyn; sie sind bestimmt den jugendlichen Unterricht beym gemeinen

meinen Manne zu wiederhohlen, zu verbessern und weiter fortzuführen. Aber die Aufmerksamkeit auf eine zusammenhängende Rede, und das Verstehen derselben wird denen fast unmöglich, die nicht schon Sprache und Vortrag, so wie sie zu dem Unterrichte in allgemeinen Wahrheiten gehören, sich durch das Lesen geläufig gemacht haben.

Es ist nicht schwer, den Unterricht in den übrigen obengenannten Stücken zu rechtfertigen. Wenn der Bauer von solchen Vorurtheilen, die ihn zu unrechten Handlungen führen, befreyt, oder mit denjenigen Begriffen versehen werden soll, die seine Tugend stärken und seine Zufriedenheit befördern: so muß er vor allen Dingen zum vernünftigen Nachdenken gewöhnt seyn. Das moralische Nachdenken betrift unsichtbare Gegenstände. Damit kann aber unmöglich der Anfang der Uebung gemacht werden. Es muß also der Verstand des jungen Bauern, wenn er jemahls fähig werden soll, sich selbst und seine Pflichten gehörig kennen zu lernen, zuvor mit andern, leichtern, und auf sichtbare Gegenstände sich beziehenden Studien, zum Gebrauche seiner Verstandskräfte angeleitet worden seyn. Dazu giebt nun Schreiben und

Rech-

Rechnne die erste und bequemste Gelegenheit: Wenn beydes auf die rechte Art getrieben wird, und wenn diese Uebungen mit einigen Kenntnissen, die sich auf die körperliche Welt und das gesellschaftliche Leben beziehn, verbunden werden: so ist klar, daß man alsdann den natürlichsten Gang nimmt, um die noch ganz leere und unthätige Seele, zu den höhern und schwerern Betrachtungen, zu führen, welche die Moral fordert.

Religion, glaubt man gemeiniglich, sey das einzige, was den Bauer gelehrt werden dürfe. Aber es wird niemahls möglich seyn, einen guten Religionsunterricht zu geben, wenn man den Unterricht lediglich auf die Religion einschränkt. Erstlich, man kann Gott nur durch die Natur erkennen lernen: — und ohne einige Anleitung, die Spuren von Weisheit und Güte in der Einrichtung der Dinge aufzusuchen, wird man sich nie würdige Begriffe, ja man wird sich nie irgend einen wahren Begriff von ihrem Urheber machen. Zweytens, die Betrachtungen unsichtbarer und geistiger Gegenstände sind die schwersten. Diejenigen also, welche nicht zuvor an sichtbaren gelernt haben, ihre Vorstellungen deutlich zu machen, den Zusammenhang von

Grün-

Gründen mit ihren Folgen einzusehen, werden über das, was Gott und ihre Seele angeht, entweder bloß unverstandne Worte andern nachzusprechen sich begnügen müssen, oder, wenn sie sich weiter wagen wollen, in Gefahr seyn, in Schwärmereyen und Thorheiten zu gerathen.

Die Erfahrungen, nach welchen man obige Frage, über den Nutzen der Aufklärung, entscheiden will, müssen nicht von den Beyspielen einzelner Personen, sondern von ganzen Gemeinden und Provinzen hergenommen werden. Wo sind dann aber diejenigen, wo der Unterricht, und mit ihm die Aufklärung des gemeinen Mannes schon so weit gediehen und so allgemein wäre, daß man Gelegenheit gehabt hätte, die Wirkungen zu beobachten, welche diese Veränderung, auf Sitten, Beschäftigung und Fleiß dieser Classe von Menschen, thun kann?

Sehen wir auf diejenigen Verschiedenheiten, welche in dieser Absicht vorhanden sind: so finden wir uns zu keinem so nachtheiligen Ausspruche, gegen die Aufklärung, berechtigt. Wir haben in Deutschland Provinzen, worin das Lesen, Schreiben und Rechnen schon seit ein paar Geschlechtern eingeführt, andre, wo es etwas seltnes ist. Es giebt Gegenden und Gemeinden, wo die Bauern aufgeweckter, klüger, verfeinerter, — andre, wo sie dümmer und unwissender sind. Aber sind dort die Bauern weniger Bauern geblieben? Sind allgemeine Unruhen entstanden? Sind die Klagen der Herrschaften im Ganzen größer? Keinesweges.

Selbst in unserm Schlesien, wer sieht nicht allenthalben Sittlichkeit, Fleiß und Wohlstand, mit dem Grade der Kenntniß und der Güte der Erziehung, im Verhältnisse. Wer wünscht nicht, es sey bloß als Einwohner, oder als Eigenthümer, lieber in einem unsrer Gebirgs-Dörfer, als unter den Oberschlesischen Leibeignen zu leben? — Und gewiß ist das Lesen, Schreiben und Nachdenken nirgends so zu Hause, als in den erstern. Diese vernünftigen Berg-Einwohner haben hin und wieder einen unruhigern Geist bewiesen, sind ungestümer in ihren Forderungen, und hartnäckiger in deren Behauptung gewesen, als ihre einfältigern Nachbarn im platten Lande. — Aber würde man nicht, wenn man dieß der Aufklärung Schuld geben wollte, zwey Dinge, die beysammen sind, mit Dingen, die sich als Ursache und Wirkung auf einander beziehn, verwechseln? Wenn die bessern Einsichten jener Aufsätzigen, (vorausgegesetzt, daß man ihnen wirklich Vorzug an Einsichten zugestehen könne,) sie nicht vor den Ausschweifungen, deren sie sich schuldig gemacht, bewahren konnten: so haben sie auch gewiß nichts dazu beygetragen. Leidenschaften werden in jedem Zustande des Menschen und insbesondere des Bauern, statt finden: keine Aufklärung kann ihn vor periodischen Ausschweifungen, wozu dieselben verleiten, schützen. Ja, es ist richtig, daß, wenn sie einmahl rege geworden sind, der Verstand und die Einsicht selbst, ihnen Nahrung und größere Dauer geben kann, indem sie ihnen neue Mittel zur Befriedigung verschafft. Aber Leidenschaften sind doch immer nur vorübergehende Bewegungen der Seele. Wenn man von dem Nutzen einer bleibenden Eigenschaft des Menschen, dergleichen die Aufklärung ist, — wenn man von dem Nutzen dauerhafter Anstalten, durch welche diese Eigenschaft dem Menschen mitgetheilt oder in ihm ausgebildet werden soll, zu welchen Anstalten die Erziehung gehört, urtheilen will: so muß man ebenfalls nur solche Wirkungen jener Eigenschaft in Betrachtung ziehn, die in dem gewöhnlichen Zustande des Menschen entstehn, und die, so wie ihre Ursachen, immerwährend seyn können, wenigstens häufig wiederkommen.

Niemand hat sich größre Mühe gegeben, den Unterricht der Bauern, sowohl in moralischen als andern Kenntnissen, recht weit zu treiben, als der Domherr von Rochow. Die Zeugnisse dieses Mannes, und derer, welche seine Anstalten mit ihren eigenen Augen gesehen haben, (Anstalten, die schon lange bestehn,) müssen etwas über diese Materie gelten. Sie sind aber den Vertheidigern der Aufklärung günstig.

Endlich, wenn man einzelne Individuen unter den Bauern anführen kann, welche die wenigen Geschicklichkeiten, die sie durch die Erziehung vor andern voraus bekommen, oder ihren natürlich bessern Verstand dazu gemißbraucht haben, sich der Ordnung und dem Gehorsam zu entziehn, wozu sie ihr Stand verpflichtete; wenn andre dadurch auf die unzeitige Begierde gekommen sind, ihre Kinder zu einem höhern Stande zu erziehn: so hat man hingegen auch einzelne Beyspiele von wirklich gelehrten und philosophischen Bauern anzuführen, die nicht nur gerne und willig Bauern geblieben sind, und ihre Kinder gleichfalls zum Bauernstande erzogen haben, sondern die auch, durch ihr Nachdenken und ihre Kenntnisse, bessere Landwirthe, und genauere Beobachter aller,

ihren

ihren Verhältnissen angemessenen, Pflichten geworden sind.

Die Wirkung, welche die bis auf einen gewissen Grad vermehrte Einsicht, auf den ganzen Stand, thun werde, ist vor der Hand durch Erfahrungen nicht auszumachen: die, welche sie bey einzelnen Personen thut, ist bald gut, bald böse. Beyspiel kann gegen Beyspiel gesetzt werden: und auszumachen, von welcher Seite die Beyspiele wichtiger oder zahlreicher sind, ist unmöglich.

Sollte uns dann nicht in dem Falle, wenn wir über eine zweifelhafte Unternehmung nicht nach Thatsachen urtheilen können, erlaubt seyn, die allgemeinen Gründe des Rechts, und die allgemeinen Betrachtungen des Guten zu Hülfe zu nehmen? Und wenn nun Vollkommenheit und Ausbildung der menschlichen Geister dasjenige ist, worauf die ganze Natur hinzielt, wozu alle ihre Einrichtungen vom Schöpfer veranstaltet scheinen? kann es wohl irgend einen Theil unsers Geschlechts geben, bey dem es gut wäre, diesen Fortgang zu hemmen, oder schädlich, denselben zu befördern?

Wenn man nun noch überdieß bedenkt, wie wenig zu besorgen ist, daß je, durch die Erziehung des Bauern, ihm Kentnisse und Empfindungen beygebracht werden sollten, welche ihn ganz über seine Sphäre und über die Verrichtungen, wozu er bestimmt ist, erhöben; wenn man sieht, wie weit an den meisten Orten der Landmann noch hinter demjenigen Puncte der Aufklärung zurück ist, wo er unstreitig ein beßrer Ackersmann, ein geschickterer Wirth und ein mehr brauchbarer Unterthan seyn würde; wenn man die Schwierigkeiten erwägt, die der Verbesserung des Unterrichts bey ihm im Wege stehn, und die unzähligen Vorfälle, welche alle zu seiner Aufklärung gemachten Anstalten vereiteln, und den angefangnen Fortgang hemmen können: so wird man sich leicht überzeugen, daß man die Uebel, welche man aus einer zu großen Erleuchtung des gemeinen Mannes befürchtet, und die an sich noch sehr ungewiß sind; getrost dem Zufalle, oder vielmehr der Vorsehung überlassen könne, und daß man hingegen seine Wachsamkeit nur auf die entgegenstehende Seite,— auf die Verhütung derjenigen Uebel richten müsse, welche unstreitig aus einem verwilderten, unwissenden und mit Vorurtheilen angefüllten Gemüthe bey dem Landvolke entspringen.

Doch

Doch, wenn der Richter, der über diesen Streit entscheiden soll, menschenfreundlich gesinnt ist: so wird es nicht schwer seyn, ihn zu überzeugen, daß wenigstens, wie die Sachen jetzt stehn, der Bauer noch manche Schritte dem gesitteten und aufgeklärten Manne näher kommen kann, ohne aus seiner Sphäre zu treten. Aber wenn er zugleich über die Vorschläge urtheilen soll, wie diese Absicht zu erreichen stehe; so wird es nicht eben so leicht seyn, ihm die Furcht vor den Schwierigkeiten zu benehmen, die sich der Ausführung dieses Vorhabens entgegensetzen.

Die erste und größte Schwierigkeit ist die, daß man nicht weiß, wo man zu verbessern und aufzuklären anfangen soll, ob bey den Jungen, oder bey den Alten. Der natürlichste und ohne Zweifel auch der beste Gedanke ist der, zuerst für die Erziehung der Jugend zu sorgen. Dazu nun sind Schul-Anstalten das Mittel. Aber man mache diese so vollkommen als man will; so wird doch der Bauerknabe, da er den größten Theil seiner Erziehung von seinen Eltern erhält, diesen ähnlich werden. In der Schule ist er nur wenige Stunden des Tages, und dieses eine kleine Anzahl von Jahren hindurch. Die übrige weit längere Zeit hört er die Gespräche, und sieht die Sitten seiner Eltern. Ohne Zweifel wirken diese weit stärker auf ihn, weil er natürlichen Hang zu diesen Personen, und Aehnlichkeit in seinen Anlagen mit ihnen hat; weil alles, was er hier lernt, in einer unmittelbaren Beziehung mit ihm steht; weil derselbe Eindruck öfter und von mehrern Seiten wiederhöhlt wird. Gesetzt also auch, daß er alles aus der Schule mitbringe, was in so kurzer Zeit, selbst bey dem besten Lehrer, von dem Gedächtnisse gefaßt, oder auch mit dem Verstande begriffen werden kann: wird nicht das Ganze seiner Denkungsart und seines Charakters das Gepräge seiner Eltern bekommen; — folglich, wenn diese von gemeiner Art oder verdorben sind, auch niedrig oder schlecht werden? Und gesetzt, der Schulunterricht sey tief genug eingedrungen, um auch seinen eignen freyen Gedanken einen etwas höhern Grad von Richtigkeit und Zusammenhang zu geben, um auch seine Neigungen etwas zu veredeln: wird er nicht, wenn er nun, in der Zeit der Mannbarkeit, ganz wieder in die Gesellschaft gewöhnlicher Bauern zurückfällt, jene leichte Tünche von Cultur verlieren, und in die allgemeinen Sitten und Vorstellungen seines Standes einstimmen?

Auch

Auch bey den höhern Stäuden, wo die Menschen einander mehr ähnlich sind, und oft ganz gleichen Unterricht bekommen, findet man doch, in dem Geiste und noch mehr in den Sitten der so gleichförmig erzognen Kinder, den Unterschied und die Gradation, welche die Familien, woraus sie entsprossen waren, von einander auszeichnet.

Also: damit das künftige Geschlecht der Menschen besser werde, sollen die Kinder gut erzogen werden. Und um sie gut zu erziehn, wäre nöthig, daß die Eltern schon besser wären.

Dieser Zirkel ist Ursache, daß, wenn auch alles erfüllt wäre, was selbst der philosophische Schwärmer von dem Ideal einer Dorferziehung träumen kann, doch der Fortgang nur sehr langsam seyn würde. Jede Generation kann nur, so zu sagen, um einige Begriffe an Aufklärung weiter gebracht, kann nur von einem oder dem andern der herrschenden Vorurtheile befreyt werden. Auf diesem Grunde muß die nächste Generation fortbauen. Die Kinder der, etwas weniger schlecht erzognen, Eltern legen ihren Lehrern weniger Schwierigkeiten in den Weg. So werden Menschen-Racen verbessert, — aber nur in Jahrhunderten, —

wenn

wenn, mit den Anstalten der Vorsehung und glücklichen Zufällen, standhafte und gleichförmige Bemühungen der Mächtigen sich vereinigen.

Die andre eben so große Schwierigkeit, und die schon oft in Betrachtung gezogen worden ist, weil sie bey jedem Versuche zu allererst aufstößt, ist die: woher eine so große Anzahl geschickter Schulleute zu nehmen sey, als zur Verbesserung der Bauern-Erziehung in einem ganzen Lande erfordert wird, und woher der Fond zu nehmen sey, um die, welche man gefunden hat, auf eine Weise, die irgend der Wichtigkeit und Schwierigkeit dieses Geschäftes gemäß ist, zu besolden.

Ehe und bevor diese Schwierigkeiten weggeräumt werden, wozu meine Vorschläge nur Wiederhohlungen oft gesagter Dinge, oder vielleicht Hirngespinste seyn würden, ist die Hauptsorge, welche der Staat für den Unterricht des gemeinen Landmanns tragen kann, die, welche er auf die Erziehung der Prediger und auf die Besetzung der Predigerstellen wendet. Hier ist Verbesserung eher möglich: weil das, was man verbessern will, nicht so sehr weit zurück ist; und weil man zu diesem Endzwecke schon mehr Mittel

in

in Bereitschaft findet, die nur sorgfältiger oder weiser angewandt werden dürfen. Anstalten, zur Erziehung der dem Predigerstande sich widmenden Personen, sind vorhanden, Besoldungen für die Prediger sind vorhanden: es kömmt nur drauf an, daß jene Anstalten aufs zweckmäßigste eingerichtet, und hier die Wahl aufs gewissenhafteste getroffen werde. Nicht für neue Fonds, für neue Institute, sondern nur für den besten Gebrauch der alten, ist hier zu sorgen."

Das, was der Prediger zur geistigen und moralischen Bildung des Bauern thun kann, geschieht entweder durch die öffentlichen Cantzel-Vorträge, oder durch die Aufsicht über die Schulen, welche sich wieder in die Anweisung, die er den Schulmeistern, und den Unterricht, den er den Kindern selbst giebt, eintheilt.

Das wöchentliche Anhören der Predigten, ist zwar bey den meisten Bauern mehr eine Sache des Wohlstandes, der Sittlichkeit und der Zucht, als eine Handlung ihrer Lernbegierde, oder ein Mittel ihres Unterrichts. Aber daß dieß so ist, liegt nicht bloß an dem Unverstande und der Geistesträgheit des Bauern, sondern es liegt auch an

der

der Beschaffenheit vieler dieser Vorträge selbst. Der, nach Wahrheit und Unterricht begierigste, Zuhörer ist oft nicht im Stande, seine Aufmerksamkeit auf dieselben zu erhalten: der verständigste ist nicht im Stande, einen nützlichen Begriff daraus zu schöpfen.

Also das allererste, und wie es scheint, das leichteste Stück eines Entwurfs zur Bauern-Erziehung, wäre, daß die vor ihnen gehaltenen Predigten reichhaltiger, lehrreicher und zugleich ihrer Fassungskraft noch angemessener würden. Eine Dorfgemeinde, vor welcher Vorträge, die diese Vorzüge haben, alle Wochen gehalten werden, gesetzt, der Prediger bekümmere sich auch sonst wenig oder gar nicht um dieselbe, und der Schulmeister sey schlecht, wird doch gewiß, in einiger Zeit, manche mehr aufgeklärte und mehr sittliche Glieder aufzuweisen haben.

Aber wo sollen Prediger hergenommen werden, die solche Vorträge halten können? Wie soll es der Staat anfangen, um wahre Volkslehrer zu bekommen?

Dieß greift freylich weiter um sich. Dieß setzt schon eine frühere Sorge des Staats für die

Er-

Erziehung junger Geistlichen, dieß setzt Einrichtungen auf Schulen und Universitäten voraus, wodurch an dieser Erziehung gearbeitet wird.

Die Erziehung der Prediger muß, wie mich dünkt, vornehmlich auf folgende Stücke gerichtet seyn. Erstlich, in ihren Köpfen die größte Helle, und in ihren Ideen die möglichste Deutlichkeit hervorzubringen. Um schwere oder erhabne Wahrheiten, ja überhaupt, um abstracte Sätze einem, zum Nachdenken nicht gewöhnten, Haufen vorzutragen: — dazu gehört ein doppelter Grad von Deutlichkeit. Manche Volkslehrer dieser Zeit, selbst manche Schriftsteller, glauben diese Deutlichkeit dadurch zu erhalten, daß sie sich in ihren Ausdrücken dem Style des gemeinen Mannes nähern. Darinn irren sie aber gewiß. Der gemeine Mann, ob er gleich die edlern Ausdrücke nicht braucht, versteht sie doch, wenn nur die Sachen ihm nicht zu hoch sind. Sich zu ihm herunter lassen, welches die erste Pflicht seiner Lehrer ist, heißt nicht, sich seiner Redensarten bedienen; heißt nicht, wie er, ohne Zusammenhang reden und sich wiederhohlen; wie er, viel Worte machen, ohne etwas zu sagen: sondern es heißt, erforschen, was er schon für Begriffe gesammelt, welche

che Erfahrungen er gemacht habe, welche Schlüsse er zu machen gewohnt sey; diese zum Grunde legen, und von diesen, Schritt vor Schritt, fortgehn, es sey, um die Unrichtigkeit derselben zu zeigen und beßre an deren Stelle zu setzen, es sey um darauf weitere Schlüsse zu bauen, und neue Erkenntnisse an sie anzuknüpfen. Sich im Unterrichte herablassen, heißt, die Zergliederung der Begriffe bis auf diejenigen Elemente fortsetzen, die man bey jedem wohl organisirten, wenn auch noch so unwissenden, Menschen voraussetzen kann; es heißt, alle Sprünge in der Reihe der Schlußfolgen vermeiden; es heißt, abgezogne Sätze immer durch Erfahrungen und einzelne Fälle, die dem Zuhörer bekannt sind, erläutern. Dazu gehört nun bey dem Lehrer, außer jener Geschicklichkeit, seine Begriffe zu seinem eignen Gebrauche zu zergliedern, die eigentlich das wahre philosophische Talent ist, auch eine vorzügliche Kenntniß seiner Sprache, und Fähigkeit, sich mannigfaltig auszudrücken. Denn wenn man mit dem gemeinen Manne, auch nur in Angelegenheiten dieser Welt, redet: so muß man sich auf allerley Art wenden, und seine Ausdrücke mannigfaltig abändern, damit man endlich den Vortrag treffe, der seiner Fassungskraft, oder sei-

ner

ner gewohnten Denkungsart gemäß ist. Seinem geistlichen Lehrer, der von allgemeinen Wahrheiten und unsichtbaren Gegenständen mit ihm spricht, ist dieß noch weit mehr nöthig. Wenn er an den Worten und Ausdrücken, die er aus seinem Systeme gelernt, oder von seinem akademischen Lehrer gehört hat, klebt; wenn er nicht Sachen und Sprache so in seiner Gewalt hat, daß er selbst neue Vorstellungsarten erfinden, und dieselben Gegenstände von vielerley Seiten zeigen kann: so wird er zwar überhaupt schon kein vorzüglich guter Lehrer, aber am wenigsten ein guter Prediger für die Bauern seyn.

Was den Zweig der Wissenschaften, die Art der Kenntnisse betrifft, welche zu dem Amte des Predigers am nothwendigsten erfordert werden, und also auch den wesentlichsten Theil seiner Studien ausmachen müssen: so ist dieß gewiß die Moral, — aber die Moral in ihrem ganzen Umfange, mit der Religion verbunden, und angewendet auf die verschiedenen Verhältnisse des menschlichen Lebens, — deren Kenntniß daher selbst einen vorzüglichen Theil der geistlichen Gelehrsamkeit ausmachen muß. Die Moral kann auf gewisse Weise der Mittelpunct für alle Wissenschaften seyn,

seyn, weil alle, wenn sie nicht unnütze Grübeleyen, oder bloße Vorübungen seyn sollen, auf die eine oder die andre Weise, sich auf den Menschen, sein Thun und Lassen, oder sein Wohl beziehen müssen. Sie muß aber ein solcher Mittelpunct, vornehmlich für die Studien derjenigen Gelehrten seyn, die sich dem Volks-Unterrichte widmen.

Wenn unter den übrigen Arten der Kenntnisse, welche mit diesem letzten Endzwecke des Predigers nur in einer entferntern Verbindung stehn, eine Wahl angestellt werden soll: so wird sie ohne Zweifel auf die fallen, welche dem Landmann selbst beygebracht werden sollen. Alles, wovon man diesen die Anfangs-Gründe lehren will, und was der Schulmeister nothdürftig verstehen muß, das wird der Prediger, um recht nützlich zu seyn, vollständig und in Vollkommenheit wissen müssen. Selbst eine gute Hand schreiben, das Rechnen aus Gründen verstehn, und besonders Geometrie und Naturlehre studirt haben, wird in dieser Absicht nicht gleichgültig für ihn seyn.

Kenntniß des Menschen war dem Prediger schon zum Verstehen moralischer Wahrheiten nöthig. Aber er braucht noch eine besondre Uebung im Beobachten, und einige Grundlage von speciellen Erfahrungen, um im Stande zu seyn, den-

jeni-

jenigen Stand der Menschen, und die Individuen, welche er vor sich hat, zu erforschen.

Ich rede hier bloß von denjenigen Eigenschaften des Predigers, auf welche der Schul- und Akademische Unterricht Einfluß haben kann. Ich würde ausserdem noch hinzusetzen, daß alle Beredsamkeit des Religionslehrers vergeblich sey, wenn sie nicht Beredsamkeit des Herzens ist; daß derjenige, von den Wahrheiten der Religion und Moral, durchdrungen seyn müsse, der sie andern, welche leer davon, oder gleichgültig dagegen sind, eindrücklich machen will. Dieß ist bey dem Landprediger doppelt wahr, weil, bey seinen Zuhörern, die Unterweisung und Erleuchtung des Verstandes nie ganz vollständig seyn kann, und daher die Sympathie der Empfindungen, zu Erreichung des Zweckes des Lehrers, noch unentbehrlicher ist.

Doch, was der Landprediger zur Erziehung des Bauern thun kann, ist nicht bloß auf die Canzel eingeschränkt: er kann und soll sich, nach meiner Meinung, mit diesem Gegenstande auch unmittelbar abgeben.

Ob ich gleich ein Feind von Projecten bin, an deren Anführung der, welcher sie macht, nicht selbst Hand anleget, oder deren Ausführbarkeit er nicht bis auf die kleinsten Theile zeigen kann: so will ich

ich es doch wagen, hierüber der Gesellschaft meine noch unreifen Gedanken zur Prüfung vorzulegen.

Mich dünkt, die meisten Landprediger haben noch Muße genug, um einen größern Theil der Zeit, als sie thun, auf die Schulen und auf die Jugend ihrer Gemeinden, zu wenden.

Ich würde ihnen, wenn ich eine Reform zu machen hätte, zweyerley aufgeben.

Erstlich, die Schulmeister selbst zu unterrichten, und ihnen förmliche Lehrstunden in allen den Kenntnissen zu geben, die sie den Schulkindern beybringen sollen. Eben deswegen ist, wie ich schon gesagt habe, keine von den Elementarkenntnissen, die zum Schul-Unterrichte eigentlich gehören, für den Prediger unwichtig. Diese Vorlesungen würden freylich, bey den abgelebten, schon völlig vom Schulstaube überzognen, oder in der größten Unwissenheit, oft in Lüderlichkeit, altgewordnen Schulmeistern, unmöglich oder unnütz seyn. Aber der Vorschlag, den ich hier thue, ist auch nicht für den gegenwärtigen Augenblick. Jeder neue und junge Schulmeister, müßte also zuerst der Pflege und dem Unterrichte des Predigers übergeben werden. Es ist schwerlich ein Seminarium zu finden, kaum ist eines zu errichten möglich, wo die zu Dorfschulmeistern bestimmten Personen, in hinlänglicher Anzahl,

zahl, ich will nicht sagen, im Lesen, Schreiben und Rechnen, (denn dazu finden sich am ersten Mittel) sondern in der Religion und Moral, in einigen physikalischen und mathematischen Kenntnissen, in den Landesgesetzen, so lange und so vollständig unterrichtet werden könnten, daß von ihnen eine merkliche Aufklärung des gemeinen Mannes zu erwarten wäre. Bey ihren Predigern können die Schulmeister viele Jahre lang, auch indem sie Unterricht geben, lernen. Nur auf diese Weise könnten sie, wenn sie auch schon einige Vorbereitung mitbrächten, recht zu ihrem Stande ausgebildet werden.

Das zweyte Geschäfte der Geistlichen sollte seyn, eine obere Classe der Bauer-Jugend, selbst zu unterrichten.

Es müßte nämlich in den Dorfschulen, wie es in allen geschehen soll, ein Unterschied der Classen, nach Maßgabe der Fähigkeiten, des Fleißes, der erlangten Kenntnisse der Schüler gemacht werden. Die ältern Kinder, die, welche bey dem Schulmeister die geschwindesten Schritte machten, die, welche am lehrbegierigsten wären, auch die, deren Eltern sich am besten aufführten, oder für ihre Kinder emsiger als andre sorgten, kämen in eine höhere Classe: und das wäre die, welche der Prediger selbst unterrichtete. — Dieser Unterricht müßte

müßte nicht, wie bisher, auf die Religion einge=
schränkt, und bloße Vorbereitung zur Communion
seyn: sondern er müßte sich auf alle die Gegenstän=
de erstrecken, welche in der Schule gelehrt werden,
und Bauern nützlich seyn können. — Unter diesen
Lehrlingen des Predigers nun, würden wieder die
besten, die fähigsten, zu künftigen Schulmeistern
gebildet. Diesenigen, welche der Prediger oder
das Consistorium dazu tüchtig erklärte, müßten,
von dem Anspruche des Cantons und von den
Knechtsdiensten bey dem herrschaftlichen Hofe, frey
seyn. Dies würde eine große Nacheiferung erwe=
cken, sich um jene Vorzüge zu bewerben. Und
wenn, aus dieser höhern Schul=Classe, die des Pre=
digers eignen Unterricht genießt, auch nur eine
kleine Anzahl besser unterrichteter, vorurtheilsfreyer
Bauern käme: so würden doch diese ein Salz seyn,
welches, so zu sagen, die übrige unschmackhafte
Masse würzen könnte.

www.ingramcontent.com/pod-product-compliance
Lightning Source LLC
Chambersburg PA
CBHW021830230426
43669CB00008B/924